知的生きかた文庫

図解　するどい「質問力」！

谷原　誠

三笠書房

はじめに

あなたを必ず成功に導く「即効の武器」——質問力

質問する能力は、あなたの人生に大きな力となる一方で、その質問がするどいか的《まと》外《はず》れかで、全能力が相手に見抜かれてしまいます。

的確なタイミングで的確な質問を繰り出すと、欲しい答えが得られるばかりか、「この人はできる人だな」と相手に強い印象を与えます。

逆に、質問のピントがずれていると、「論旨を理解していないのではないか」「仮説を立てた上で質問していないのではないか」など、たちどころに評価を下げてしまうのです。

この**「するどい質問の力」を知って、上手に使うことができる人が、ビジネスにおいても、人生においても思い通りにできる人になれる**といっても過言ではありません。

たとえば、対照的なクルマのセールスマンがいます。

一方は、初めてやってきたお客に対して、

「このクルマのスタイルは若い女性に人気です。しかも燃費がいい上に、見た目以上に馬力もある。いま、一番オススメです！」

と熱弁をふるっています。ところが、もう一方のセールスマンは、そのクルマの素晴らしさを熱く語ったりしません。

「今回はお買い換えですか？」「どのような用途でお乗りになりますか？」「お仕事用ですか？それともレジャー中心ですか？」「お乗りになるご家族は何人ですか？」

どちらのセールスマンの成績が良いかは、いうまでもないでしょう。

お客のニーズを的確に引き出す「質問」を積み重ねる後者のやり方なら、それにかなう商品・情報を提供することができ、成果に直結していくのです。


このように、「質問」とは、「わからないことを聞く」という目的のためだけに使うものではありません。

「問題を発見、解決する」「説得する」「相手の考えを誘導する」「決断を迫る」「コミュニケーションを円滑にする」「議論に強くなる」「主張を明解にアピールする」

……じつは、これらは私たち弁護士が日々法廷で「質問」の力を使って勝負しているものばかり。つまり質問では、こうしたさまざまな効果を手に入れることができるのです。

窮地を脱したいとき、交渉事で優位に立ちたいとき、いいアイデアを出したいとき――質問力はこうした場面で、一瞬にして局面を変えるための武器となります。**あなたが発する質問が、その後の仕事や人生をガラッと変えてしまう**のです。

この本には、今すぐ使えて役に立つ、「質問をするどくする方法」を順を追ってまとめてあります。読み進めていくと、ビジネスに必要とされるコミュニケーション力や問題解決力、交渉力など、あらゆる能力がこの「するどい質問力」に集約されることを実感するでしょう。

本書は、この「人間社会のやりとりの縮図」ともいうべきノウハウを、ビジネスの現場で応用できるようにしたものです。人間関係においても、この「質問力」はそのまま、あなたの「武器」になることは間違いありません。

弁護士　谷原　誠

もくじ

1章

頭の回転が速い人の「すごい質問」力

すぐ効果が出る7つの「スーパールール」

2章 仕事の成果に直結する「問いかけ方」

立ちはだかる壁を「一瞬で崩す」質問

3章 議論で絶対負けない「論理的な質問」術

ここを突っ込まれたら、反論できない！

4章 人間心理を巧みにつく「質問」のテクニック

「誘導尋問」「答えを求めない質問」……の高等戦術

5章 相手が思わず「口を割る」質問力
これであらゆる問題が、即解決!

編集協力＝浅井美紀／ことぶき社
図版作成＝ファクトリー・ウォーター（松尾容巳子）

こんなときは、この「質問の型」！

1 相手の「本音」を聞き出すために

↓まず、「自分のこと」を話してから質問へ

（自己開示して相手に安心感を与える）

2 「聞きにくいこと」を聞くなら

↓「こんな話を耳にしたのですが……」

（第三者の話として聞いてみる）

3 「相手に決断を迫る」なら

↓「AとBどちらがいいですか？」

（選択肢を少なくする）

4 論理的に攻める必要があるとき

↓「なぜ、○○なのか？」

（「Why？」を繰り返す質問を）

5
人をうまく「動かす」には
↓「君はこの件をどうすればいいと思う？」
（相手に考えさせる問いかけを）

6
相手と早く打ち解けるために
↓「その人自身のこと」を話題に
（「聞く姿勢」に徹する）

7
話をうまく切り出したいとき
↓「なるほど、○○ということですね？」
（「相手の話」をまず投げ返す）

8
相手を思い通りに誘導するには
↓「（この商品を買うなら）現金とカード、お支払いはどちらに？」
（前置きを省略して直接、結論を迫る）

必ず役立つ「ひと言!」質問術

1

話の主導権を取りたいとき……

「仮に○○だとしたら、○○?」

↓「仮の話」を進めて言質《げんち》を取る!

2

議論を深めたいとき……

「そもそも○○とは何でしょうか?」

↓「そもそも質問法」で本質に踏み込む!

3

本題を切り出すタイミングをつかめないとき……

「○○について、お聞きしてもよろしいでしょうか?」

↓「質問をしていいか、どうか」を質問する!

困ったときは、この「一つの問いかけ」を

4

答えに窮したとき……

「あなたはどうお考えですか？」

↓意見を言うより、相手に話させるという手もある

5

大勢を代表して質問に立つとき……

「○○の点は○○と考えてよろしいでしょうか？」

↓「確認型」の質問なら自然にできる

6

問題の解決法が見つからないとき……

「……もし松下幸之助ならどう考えるか？」

↓たとえば「成功者」や「消費者」など、立場を替えて問いを発する

1章

頭の回転が速い人の「すごい質問」力

すぐ効果が出る7つの「スーパールール」

1 成功する人は、例外なく「いい質問」ができる

ダ・ヴィンチ、ニュートンも実践した質問法

万能の天才レオナルド・ダ・ヴィンチは、質問の天才でもありました。子どもの頃から、あらゆる質問をまわりの大人に投げかけ、生涯、それを続けたそうです。

「なぜ、鳥は空を飛べるのか？」と、自らに問いかけたことが、後年飛行機の設計図を描くことに結びついています。計算機、潜水艦、機関銃といった彼の多くの発明の源泉は、彼の質問力にあったのです。

「なぜ、リンゴが木から落ちるのか？」――これも、万有引力発見につながった、ニュートンのあまりにも有名な質問（疑問）です。

両者の質問に共通するのは、いつも私たちが目にし、当たり前のこととして受け止めている事象だということです。だから、誰もそんな質問を考えつかなかったのです。

「よい解決法はないか」「よいアイデアはないか」――私たちは、その答えを探し出す

「本当に必要な情報」を得るには？

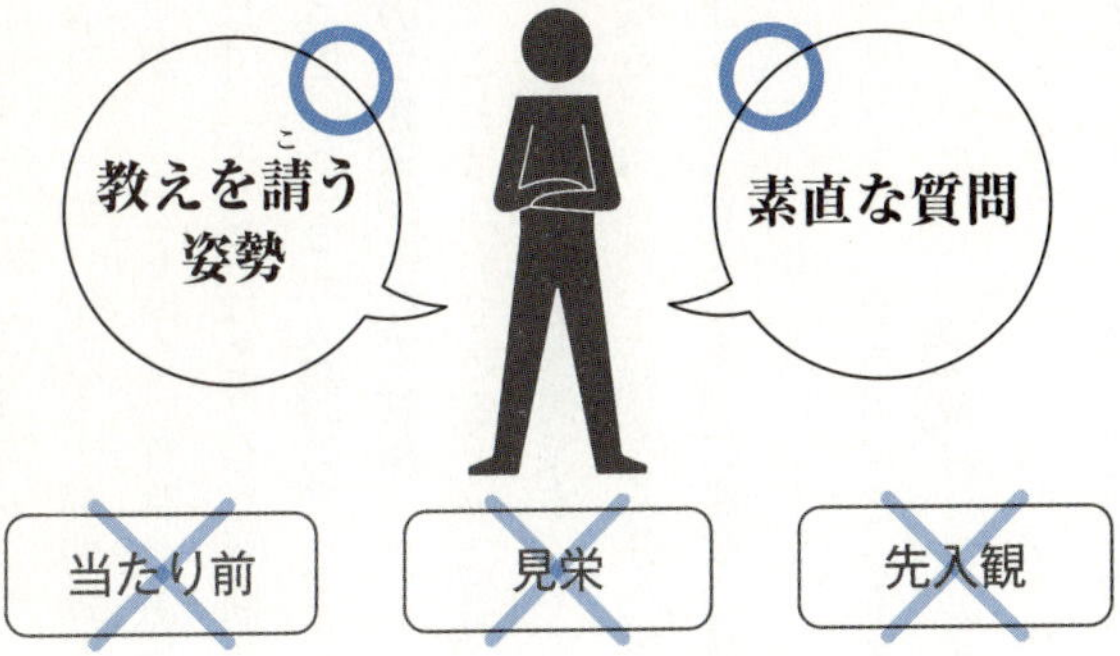

ために、日々、知恵を絞っています。

しかし、よい質問がなければ、よい答えを得ることはできません。そのためには、どんな答えが正解かを考える前に、**まずは「この質問の仕方は正しいのか？」「どんな質問をすべきなのか？」**という質問から出発するべきです。

◆人生は「質問できる力」で大きく広がる

ところで、私たちの身近にもダ・ヴィンチやニュートンのような質問を、いとも簡単に投げかける存在がいます。

それは、小さな子どもたちです。

「なんで、空は青いの？」「なんで、お魚は水の中でも苦しくないの？」「なんで、男の子にはオチンチンがあるの？」

はっきり言って、子どもの質問ほどやっかいなものはありません。どれも、とても単純ですが、とても難しい質問だからです。

どうして、子どもはこうした質問ができるのでしょうか。それは、子どもたちには**「当たり前」という先入観がない**からです。そして、**「こんなことを聞くのは恥ずかしい」という見栄がありません。**

「そんなことは知っているよ」「当たり前のことだ」と、自分の情報の多さや確かさを誇示したくなるのが人間です。

年を取るにつれて、「知りませんでした」とか「教えてください」とかは言いづらくなります。これでは本当に必要な情報を得ることができません。

「インテリジェンスを本当にビジネスに生かしている人間は、『こうなることはだいたい読めていた』なんて絶対に言いません。『知っていた』ではなく、必ず『教えてください』と言うんです」（『インテリジェンス　武器なき戦争』佐藤優・手嶋龍一）

情報を活かすには、教えを請《こ》う姿勢、質問する姿勢が必要なのです。

最善の解決法は「質問」から得られる

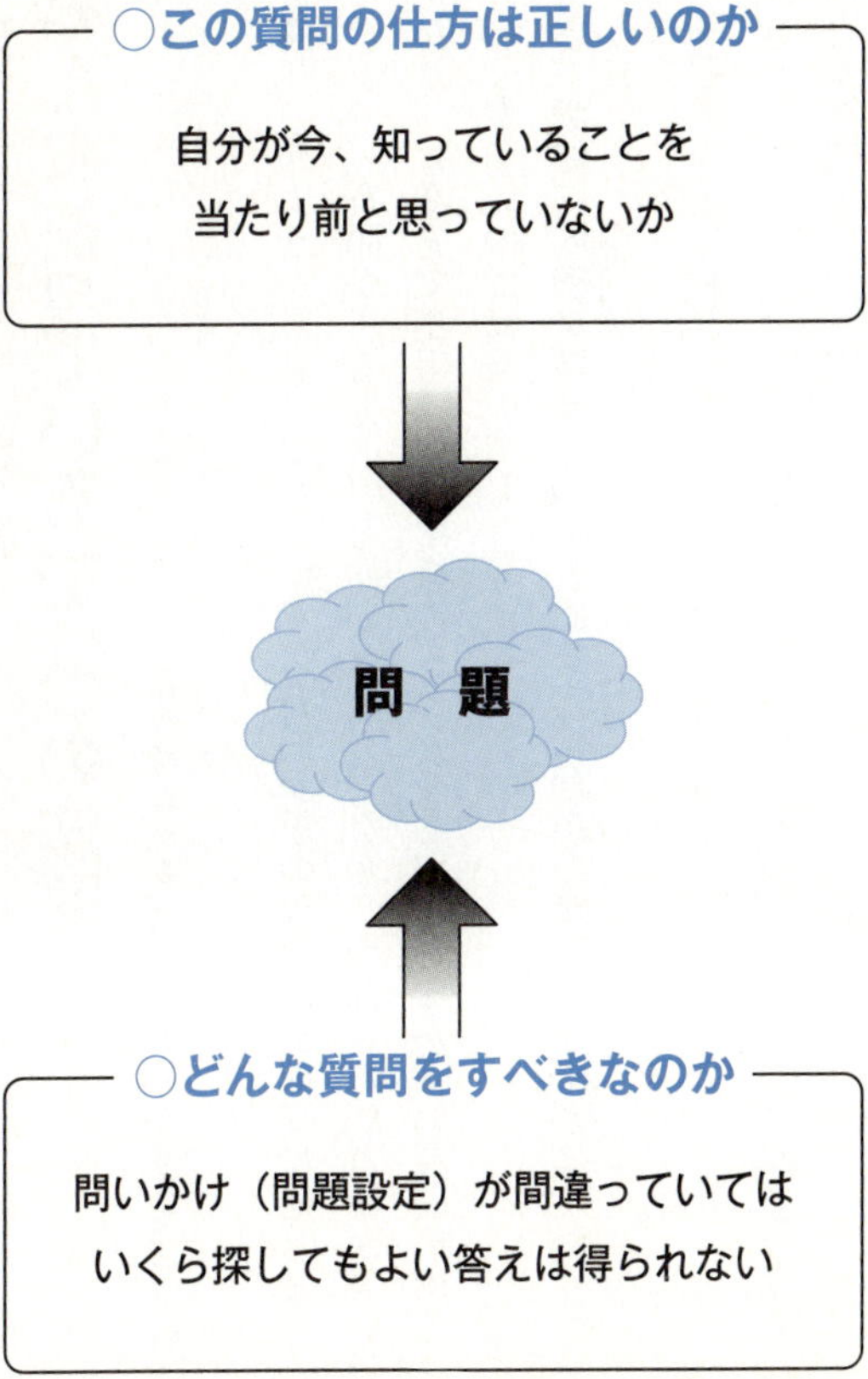
○この質問の仕方は正しいのか
自分が今、知っていることを
当たり前と思っていないか
問 題
○どんな質問をすべきなのか
問いかけ（問題設定）が間違っていては
いくら探してもよい答えは得られない

2 〝頭が切れる人〟がみんな使っている「六つの法則」

こう聞かれると、誰もが「本音をもらす」

いざ「質問してみよう」と思っても、すぐに質問が思い浮かぶものではありません。研修やセミナーで「質問がある方？」と聞かれても、なかなか聞きたい質問が思い浮かばなかったり、営業先で相手の関心を探ろうとしても、なかなかよい質問が出てこないことのほうが多いのではないでしょうか。

そんなとき、**簡単に的確な質問をつくり出す方法があります。**誰もがよく知っている方法です。

それは、子どもの頃に教わった「5W1H」。

①なぜ（Why）、②何を（What）、③誰が（Who）、④どこで（Where）、⑤いつ（When）、⑥どのようにして（How）。

相手の発言に対して、これら6種類の質問をしていくと、相手の話を発展させやすくなります。

これは会話の基本中の基本なのですが、私たちは普段の会話でこの原則を意識することはほとんどありません。

これは、もったいないことです。というのも、この原則を意識するだけで、会話がドンドン広がっていくからです。例を挙げてみます。

「実は先日、車を買いまして」と、相手が言ったとします。

これに対して、「ああ、そうですか」と言うだけでは、会話はそこで終わってしまいます。また、「そうなんですか？」と問うてみても、話は広がっていきません。それで会話は終わってしまいます。

質問上手になるには、**5W1Hを意識して、明確な質問の「形」をつくる**のがコツです。

「何を（What）買ったのですか？」

「前の車には、いつ（When）から乗っていたのですか？」

「その車のどこ（What）がお好きなのですか？」

「どこ（Where）の販売店で買われたのですか？」

「販売員はどんな人（Ｗｈｏ）でしたか？」

「おいくら（Ｈｏｗ　ｍｕｃｈ）でしたか？」

などなど、質問がいくつもできあがります。

こうした質問を使って話を展開していけば、話し手から自分が話したいことを存分に引き出すことができます。

◆「聞きたいこと」をはっきりさせるには

ときどき、何が聞きたいのかわからない質問に出くわし、何を答えていいかわからず困ってしまうことがあります。

こうした困った質問になるのは、明確な質問の「形」をとっていないからです。

５Ｗ１Ｈを意識して、明確な質問の形をつくることで、質問される側だけでなく、質問する側の頭も整理されます。

整理されたわかりやすい質問なら誰もが答えやすく、話がより深くなっていきます。

「５Ｗ１Ｈ」を使って頭の中で質問をつくって、ドンドン聞いてみましょう。そうすれば、相手の話は意外な広がりを見せるはずです。

「明確な質問」が明確な答えに直結！

たとえば自動車のショールームに来たお客に対して

①Why（なぜ）？ 理由を尋ねる

「なぜ、車を買い替えるのですか？」

②What（何）？ 「ものごと」などについて尋ねる

「車を選ぶとき何をいちばん大事にされますか？」

③Who（誰が）？ 「人」について尋ねる

「どなたが乗られますか？」

④Where（どこで）？ 「場所」を尋ねる

「どこで乗られますか？」

⑤When（いつ）？ 「時」を尋ねる

「いつまでに必要ですか？」

⑥How（どのように）？ 「方法」「感じ方」を尋ねる

「車はどのように使われることが多いですか？」

3 時と場合で「二種類の質問」を使い分ける

「情報を引き出す質問」と「回答を導く質問」

質問には、「オープン・クエスチョン」と、「クローズド・クエスチョン」の二種類があります。

「オープン・クエスチョン」とは、「それをやろうとしたきっかけは何だったのですか？」というように、話し手が自由に話を展開できるようにうながす質問です。

一方、「クローズド・クエスチョン」とは、「あなたは、これこれをやったのですか？」というように、答えが二者択一的に終了し、そのあとの展開を要求しない質問です。

「クローズド・クエスチョン」は二者択一なので、答えは二つのうちどちらかであり、質問者の想定の範囲内でしか会話が進行しません。

しかし、**「オープン・クエスチョン」は、答えの内容を相手にゆだねる**ので、質問者が予想もしない内容の答えが返ってきたりします。

したがって、相手から自分の知らない有益な情報を引き出したいのであれば、相手が話を展開しやすい「オープン・クエスチョン」のほうがすぐれています。

「オープン・クエスチョン」とは、たとえば、次のような質問です。

「経費を節約するには、どうしたらよいでしょうか？」

「当社に対して、あなたのどのような能力が最も貢献できると思いますか？」

「あなたが職場で最も怒りを感じるのは、どのような場面ですか？」

◆明快な回答を導く「クローズド・クエスチョン」

では、「クローズド・クエスチョン」は、どのような場面で使うのでしょうか。

それは、はっきりとした答えを引き出したいときです。

「実行したのか、していないのか」「意思があるのか、ないのか」「いつ行なわれるのか」など、**明確な回答が欲しいときに、「クローズド・クエスチョン」を使います。**

ちなみに、裁判で行なわれる反対尋問は、ほとんどが「クローズド・クエスチョン」です。

たとえば、「あなたは、当日、被告人を見たのですか？」「そのとき、あなたはメガネをかけていましたか？」というように質問します。

反対尋問とは、相手方が自分に有利になる証言を引き出すために用意した証人に対する尋問のことです。こちらに不利になることを言おうとする人に対して、不用意な質問をしてしまうと、相手の思うツボになってしまいます。

そのため、「こちらが予想できる範囲内だけ」の答えになるように、意識的に「クローズド・クエスチョン」を使うのです。

つまり、「クローズド・クエスチョン」は、自分の想定の範囲内で、答えを限定してしまいたいときに使うことになります。

たとえば、ビジネスの現場で、「クローズド・クエスチョン」を使用するのは、「どちらをお選びになりますか？」というように、営業場面で答えを限定して迫りたいときや、上司が部下に対し「あれはやったか？」「期限はいつか？」といったように、状況を即座に把握して明確な指示を出したいときなどに使用することになるでしょう。

結局、**相手の意思で自由に話をしてほしいときには「オープン・クエスチョン」、こちらが聞きたいことだけを話してほしいときは「クローズド・クエスチョン」**ということになります。目的に合わせて、この二つの質問を使い分けましょう。

話を展開させる質問、答えに導く質問

▼ 話を展開させたいなら

オープン・クエスチョン

＝ 答えの内容を相手が決める

どうしたら良いでしょうか

どのようなときですか

▼ 答えを導きたいなら

クローズド・クエスチョン

＝ 答えを「Yes」「No」で限定する

あなたは見たのですか

どちらを選びますか

4

「インタビューのプロ」に学ぶ必勝テクニック

「答えやすい雰囲気づくり」も質問者の技量

テレビのインタビュー番組などを見ていると、「質問が上手だな」と思う人がいます。

質問上手の人の手にかかると、相手の思わぬ一面が引き出されたり、それまで知らなかった新しい発見があったりします。

そんなインタビュアーの質問に、じっくり耳を傾けていると、多くがオープン・クエスチョンで成り立っていることに気がつきます。

もちろんそれだけではありません。こういう人は、**「聞く」姿勢に徹しています。**

話をしていると、ついつい誰でも自分の意見を言いたくなるものですが、それを脇に置いておいて、まず相手の意見や話を聞き出そうとします。

さらに、**相手をリラックスさせ**、その上、相手のことをとてもよく知っています。

初対面の人でも、相手のプロフィールや実績、考え方、興味のありかなどを調べて、

「答えやすさ」も重要

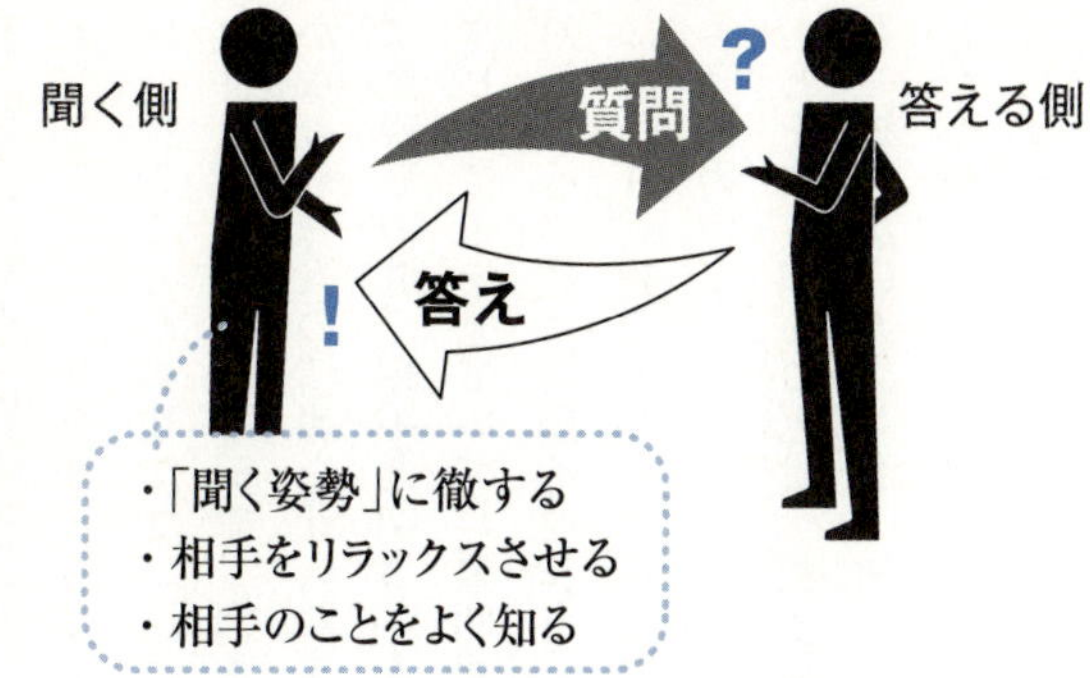

インタビューに臨んでいるのです。

知らないことについては、何を聞いていいのかわからなくなることがあります。そのために、**上手な聞き手は、相手のことを徹底的に研究**します。だから、たとえ初対面の人でも、深い質問ができるのです。

また、誰でも「自分のことをよくわかってくれている」と思うとうれしくなります。相手がよく勉強していると思えば、それに応えようとします。

男女関係でも「ああ、この人は私のことをわかってくれている」と思うと幸せな気分になるでしょう。それと同じです。質問をする側と受ける側に、一体感のようなものも生まれてきます。

◆誰でも「知らない人」より「知っている人」に親近感を抱く

このようなテクニックを身につけるには、まずは相手に関心を持ち、相手に関する知識を仕入れることが必要です。

相手の会社のホームページや、個人的なブログを持っていればそれを読んだり、周囲の人からもその人の情報を仕入れます。

さらに**重要なのは、相手という「人間」に、好意を抱くこと**です。

インタビュアーを見ていて「質問が上手だな」と思うのは、必ずインタビュアーが相手に対して心の底から関心を持ち、好意を抱いているように見えるときです。それが相手に伝わり、相手もついつい普段は話さないことまで話してしまうのです。

このように書いてしまうと、テクニックではないように思えるかもしれませんが、相手のことをよく知ることは、相手に好意を持つひとつの方法でもあります。

誰でも、知らない人よりも、知っている人に親近感を抱いてしまうのです。

こうした心構えがなければ、テクニックも十分に活かせないということを肝に銘じておきましょう。

「相手との距離」を縮める質問のしかた

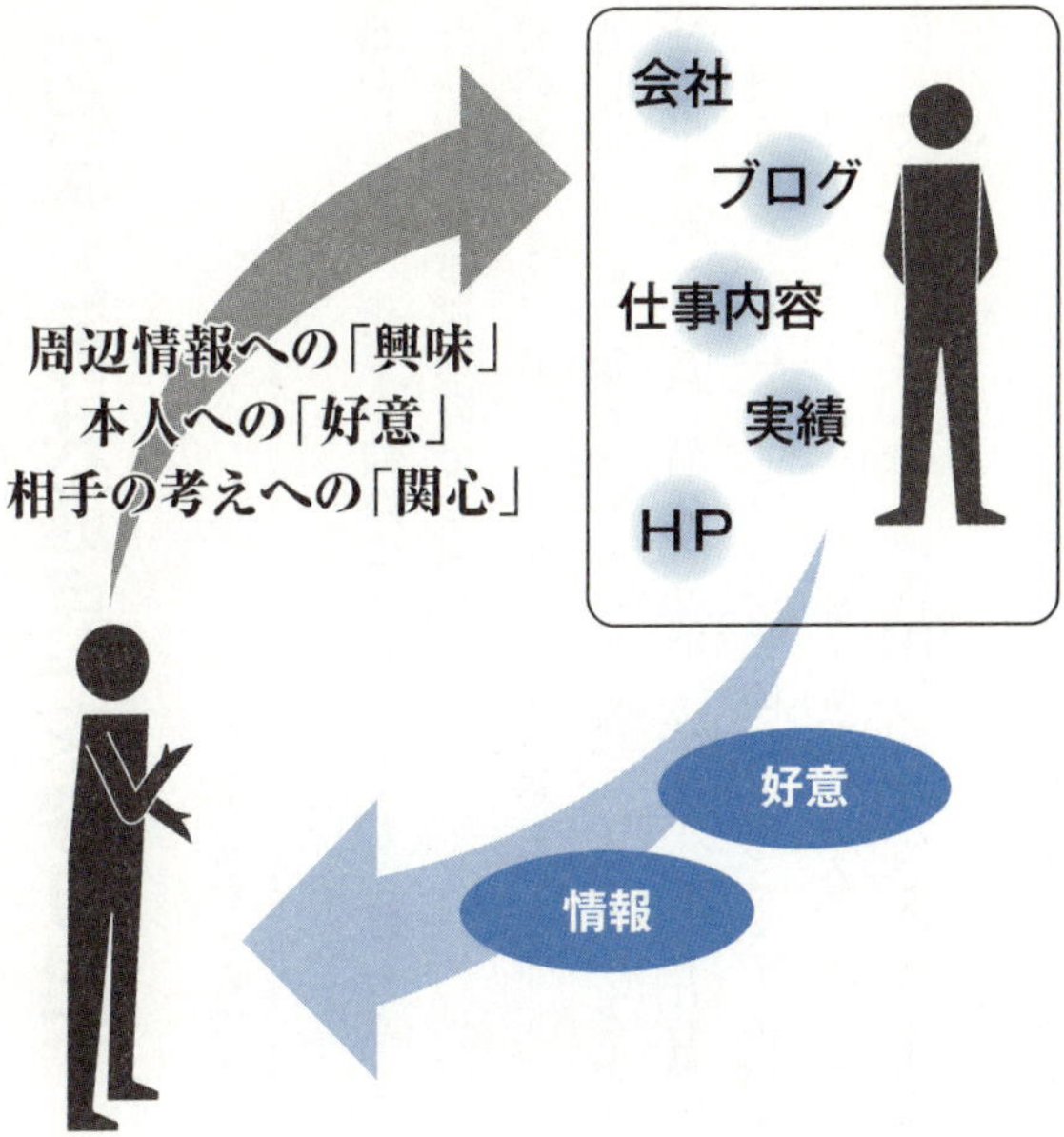

◎質問+「関心」「好意」
→相手からの好意と情報を引き出せる

5 「相手との共通点」を探り出す

人はどんなとき「イエス」と言ってしまうのか

同じ質問をしても、相手が機嫌よく答えてくれる場合と、そうでない場合がありま す。いったい、どこが違うのでしょうか。

心理学者のロバート・B・チャルディーニは言います。

「人は好意を抱いている知人からの依頼には『イエス』と言いやすい」

たとえば、車を買うとき。価格、性能、デザインなどに違いがなければ、決め手となるのは「誰から買うか」でしょう。保険に入るときも内容が同じだったら、「あの人が勧めるのだから入ろうかな」と考えるでしょう。

質問も同じです。好きな人からの質問には喜んで答えますが、嫌いな人からの質問には答えたくないのです。

ですから、**誰かに質問するときは、まず相手の好意を獲得することから始める**とよ

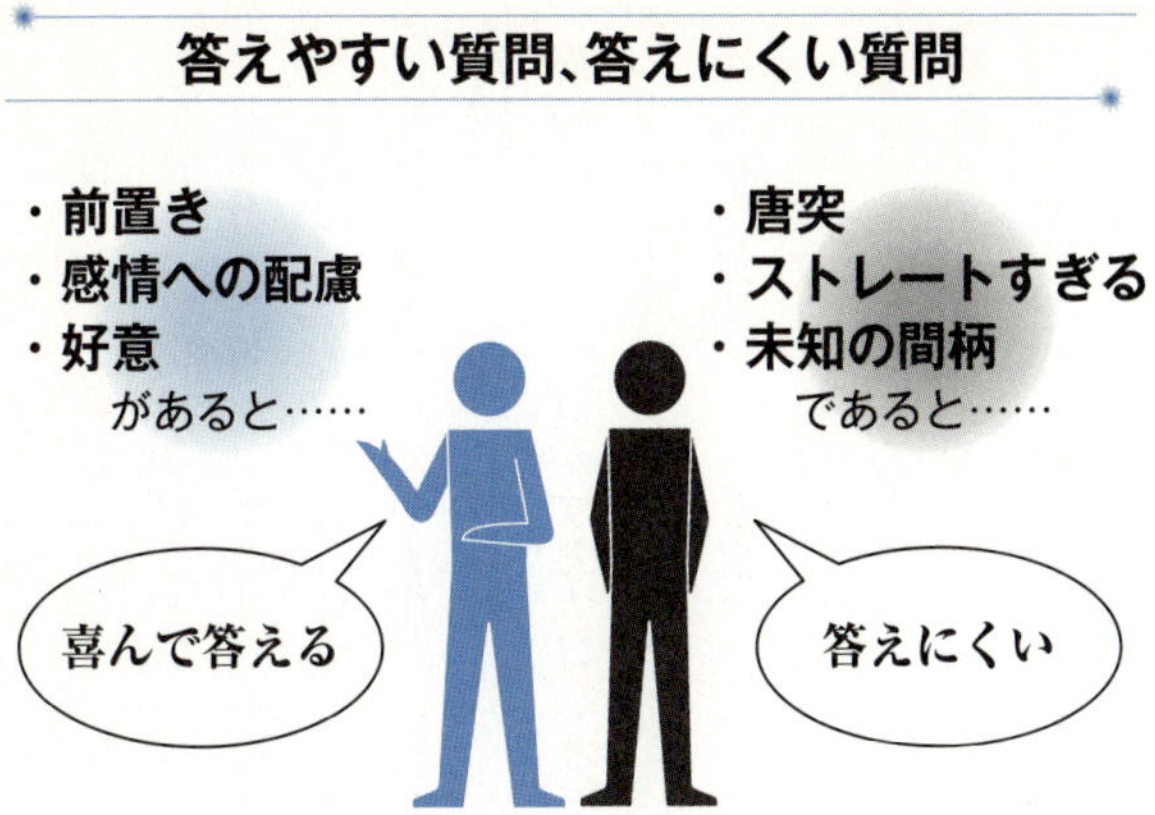
答えやすい質問、答えにくい質問
・前置き
・感情への配慮
・好意
があると……
・唐突
・ストレートすぎる
・未知の間柄
であると……
喜んで答える
答えにくい

いのです。

◆必ず好意を獲得できる五つの方法

では、他人の好意を獲得するにはどうすればいいのでしょうか。

チャルディーニは、①外見の魅力、②類《るい》似《じ》性、③賞賛、④単純接触効果、⑤連合、といった方法を指摘しています。それぞれを簡単に見てみましょう。

《外見の魅力》

人は「外見が魅力的な人」を好きになります。これは説明するまでもないでしょう。もちろん、持って生まれたものを変えることはできませんが、清潔な身なり、洗練された動作、表情、笑顔を身につけることはできるはずです。

《類似性》

類似性とは、人は「自分と似た人」を好きになるという原則です。出身地が同じとか、大学が同じとかいうだけで親近感が湧いてしまうのが、この類似性の原則です。

ちなみに私は大学時代、体育会の体操部だったのですが、体育会出身者には、なぜか親近感を覚えてしまいます。これも類似性の原則のなせるわざです。

《賞賛》

褒《ほ》められて嫌な気がする人はいません。人は「自分を賞賛してくれる人」をより好きになります。

《単純接触効果》

人は「繰り返し接触している人」を好きになります。好意を獲得するには、繰り返しその人と接触することです。「遠くの恋人」より「近くの他人」ということです。

《連合》

人は「好ましいものと結びつけられた人」を好きになります。好きなタレントが出ているＣＭで宣伝している商品を好きになるのと同じです。

こんな人にかかると、つい答えたくなる！

①外見が魅力的な人
②自分に似た人
私も同郷です
③自分を褒めてくれる人
すばらしい！
④何度も会っている人
いつもお時間をとっていただいて……
⑤自分が好きなものと結びつく人
（あなたの好きな）この魚料理、おいしいですね

6 信頼関係を一瞬で築く「プライベートな質問」法

「相手への関心」をどうアピールするか

私たちは、自分を尊重してくれる人に対して好意を抱きます。デール・カーネギーの言う「自分の重要感を満たしてくれる人」に対して好意を抱くのです。

そして、そのように**「自分を尊重してくれている」と相手に感じてもらうことは、相手が聞いてもらいたいことに関する質問をすることで可能**です。つまり、自分に興味を抱き、自分の知識や経験、意見を積極的に聞いて、共感を示し、関心を示し、尊重してくれると、私たちは、自分が重要な人物であるような気になります。そして、そのような気持ちにさせてくれた相手に好意を抱くのです。

「愛情の反対は、憎しみではなく『無関心』」と言ったのはマザー・テレサでしたが、無視されることほど、人間の尊厳が大きく傷つくことはありません。

たとえば部下が残業続きのときは、「最近、残業続きでずいぶん頑張っているけど、体調は大丈夫か?」とひと言、部下に質問します。こんな問いかけを受けた部下は、「この人は自分のことを見てくれている」と安心します。

こうした質問は、「関心を持って、あなたをちゃんと見ています」という合図を相手に送ることになります。これが、信頼関係の足場を築くことにもなるのです。

◆誰もが「自分の話を聞いてくれる人」を好きになる

イギリスの大政治家であったディズレイリは、「人と話をするときには、その人のことを話題にしなさい。そうすれば、その人は何時間であろうとも話を聞いてくれるだろう」と言っています。

たとえば、**説得したい相手と話すときは、相手が話したいと思っていることを存分に話させる**のです。

あなたに対して、「今度の首相は誰になるのでしょうね?」と聞いてきたとしても、本当は相手が自分の意見を言いたいのかもしれません。そのようなときは意見を滔々《とうとう》と述べるのではなく、すぐに相手に「どうお考えですか?」とボールを投げ返してみることです。もしも自分で話したがっていれば、嬉々《きき》として話し始めるでしょう。

自分が話したいことをよく聞いてくれる人のことを、嫌いになる人はいません。話し手は、話したいことを話せれば満足し、それを引き出してくれた聞き手に好意を抱きます。つまり、相手が話したいことを引き出すことにより、あなたは有益な情報を獲得するとともに、話し手の好意も獲得できるのです。そのための基本となるのが、前述した「5W1H」なのです。

相手の話は真剣に聞くことが重要ですが、同時に、真剣に聞いているということが相手に伝わらなければなりません。**相手が話している最中は相づちを打ち、共感を示し、場合によってはメモを取る。**こうした行動によって、「私は、あなたの話に興味があり、真剣に聞いています。あなたの話は私にとってとても重要です。あなたは重要な人物なのです」というメッセージを伝えます。

心から相手に興味を持つことで、自然に質問したいことが湧いてきます。同時に、あなたは相手に対して好意を抱くでしょう。そうすると、不思議なことに、相手もあなたに好意を抱くようになります。これを「好意の返報性《へんぽうせい》」と言います。こうして、よい人間関係ができあがっていくのです。

「聞きたいこと」の前に「相手が話したいこと」を

◎相手が話したいことを引き出すには
・相づちを打つ
・共感を示す
・メモを取りながら
「あなたに関心を持っています」
「あなたを尊重しています」

7 「質問を切り出すとき」の大鉄則

さりげなく聞くか、するどく切り込むか

初対面の人や、目上の人にずけずけと質問するのは失礼に当たります。かといって、核心に迫らずに曖昧《あいまい》な質問ばかり繰り返していては、いつまでたっても自分が望む答えは返ってきません。

では、いきなり核心をつく質問がしづらい場合にはどうするのがよいか。

そんなときは、**まず質問をする「承諾」をもらうための質問をする**と効果的です。

たとえば、質問する前に次のようにワンクッション入れるのです。

「初対面で失礼に当たるかもしれないのですが、どうしてもお聞きしたいことがあります。お聞きしてもよろしいでしょうか？」

「お忙しいところ恐縮ですが、質問させていただいてよろしいでしょうか？」

普段の仲間同士の会話でも、立ち入ったことを聞くような場合は、ひと言「○○に

ついて、聞いていい？」とワンクッション置くと、印象はグンとよくなります。

これで相手が承諾すれば、質問すること自体が失礼に当たることはなくなります。

また、質問を受けることを「承諾」した以上、相手にはそれに答えなければならないという心理的強制が働くので、スムーズに会話が進みやすいのです。

◆先に「自分を開示」して警戒心を解く

気をつけなければならないのは、相手が質問に対して警戒している場合です。

たとえば、ある営業企画に対して、社内が賛成と反対に二分されているとします。こんなとき不用意に「あなたは、この企画に賛成する？」と聞いても、相手は警戒して素直に答えてくれません。このようなときは、まず自分の立場を明らかにしてから質問すると相手は答えやすくなります。

幕末の頃、幕府を倒そうとする倒幕派と、幕府を守ろうとする佐幕《さばく》派が激しく衝突していた時代、相手がどちらの立場を取るかは重大な関心事でした。しかし、相手の「あなたは倒幕派か？」という質問に安易に答えてしまうと、命を狙われる危険さえあったため、不用意に答えられない状況でした。そのとき質問者は、自分の立場を明らかにした上で、相手の立場を尋ねたといいます。

命にかかわるほど重大なことでなくても、「批判されているのではないか」「こんなことを答えると変に思われる」など、人は多かれ少なかれ警戒心を抱いています。**質問者が先に自分のことを開示することで、そうした警戒心を解くことができる**のです。

反対に、相手の責任を追及したい場面では、前置きは一切不要です。ズバリと核心をつく質問を続けざまにしていきます。相手に考えたり、話をそらしたりする余裕を与えてはいけません。不祥事の際の記者会見や国会質問などは、この例です。

不意をつかれることで、相手はさらに自分の欠陥、不備を露《ろ》呈《てい》するものです。

このように、同じ質問をするとしても、内容や場面、立場や相手との関係によって、質問の切り出し方を変えていかなければなりません。

とはいえ、質問の切り出し方はさまざまでも、そこには共通する鉄則があります。

それは、自分本位の質問は、どんなときでもＮＧだということです。

質問は、相手が答えて初めて意味を持ちます。そうであれば、答えやすく質問するにはどうしたらよいか、自分の望む答えを言いやすくするにはどう切り込んだらよいか、を常に考えながら質問を切り出していくことが肝心なのです。

「質問を切り出すには」――「前置き」の効用

前置きあり

①初対面の人や目上の人、立ち入った質問をする場合

「いま、お話を伺ってもよいでしょうか？」

とワンクッションおく

②相手が警戒している場合

「私はこう思うのですが……」
と、自分の立場を明らかにする

前置きなし

③問題を追及するために質問する場合

前置きなしで、ズバリ核心をついた質問を
続けざまに繰り出す

コラム1

世界的企業・GEを支え続けているのは「質問の力」だった

世界的なエクセレントカンパニーとして名高い、GE（ゼネラルエレクトリック）。

その強さの秘密は「質問力」にあった。

GEの営業マンは、初めてお客さまに会うとき、徹底的に質問をする。質問により、そのお客さまが抱えている問題点がどこにあり、どのようなニーズを持っているのかが浮き彫りになる。

その上で、自分たちがその問題点をどのように解決できるのか、そのニーズをどのように満たすことができるのかを探求し、それを次回のプレゼンテーションで明らかにしていくのである。

お客側は自分に何が必要なのか、必ずしも的確にわかっているとは限らない。

質問に答えていくことによって、お客自身が自分の潜在的な問題点やニーズを見つけ、最適なサービスを求めることができるようになる。

大切なことは、自社製品の性能をアピールすることではない。相手が知りたいのは、製品の性能ではなく、**自分が困っている問題点を、どのように素早く完全に解決でき、その結果、自分にとってどうプラスになるのか**、ということなのだ。

それを引き出したのが、GEの社員たちの鍛えられた、優れた「質問力」である。GEではすべての社員が、「最近、自分はクライアントに対して何を成したか」が常に問われている。自分自身にその問いかけをしなければ評価されないのである。

世界ナンバーワン企業の発展は、トップから最前線の社員に至るまで徹底して貫かれた「質問力」に支えられていたのだ。

2章

仕事の成果に直結する「問いかけ方」

立ちはだかる壁を「一瞬で崩す」質問

1 まず「相手の言葉を繰り返す」——返報性の法則

「聞くタイミング」をどうつかむか

仕事を進めていると、取引先などと交渉する機会が多くあります。そんなとき、こちらの都合ばかり言っても話し合いは進みません。

まず相手の話をじっくりと聞き、理解した上で、こちらの主張を伝えます。結局はそのほうが、こちらの主張は伝わりやすいのです。そのとき役立つのが「質問」です。

相手の話を聞くといっても、ただ黙っていてはダメです。**ポイントは、話している側が「自分の話がちゃんと伝わった」と安心できるかどうか**、という点です。黙って聞いていると、相手は「さっきから『うん、うん』言って聞いているが、ホントにわかっているのだろうか？」と不安になり、話し合いの効果が半減します。

では、相手の話を理解したことを証明するにはどうしたらよいでしょうか。

一番有効な方法は、相手が言ったことを「自分の言葉で整理して投げ返す」ことで

相手が満足した瞬間が「質問のタイミング」！

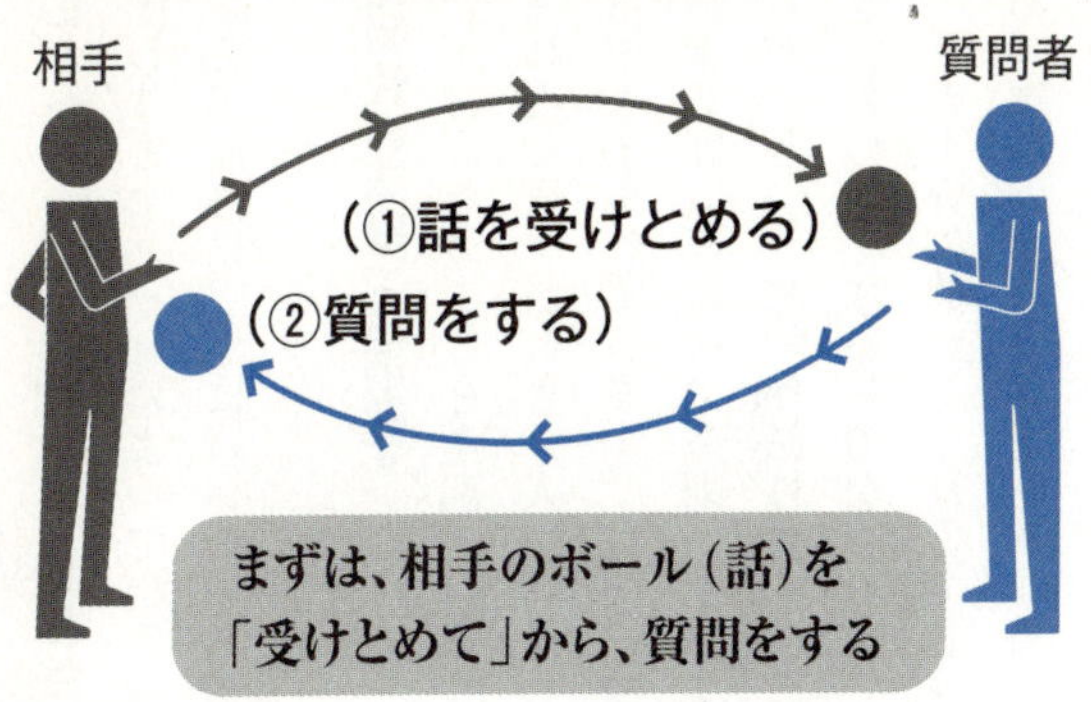
相手
質問者
（①話を受けとめる）
（②質問をする）
まずは、相手のボール（話）を
「受けとめて」から、質問をする

す。相手がひとしきり話したら、次のような質問をしてみるのです。

「あなたの言いたいことは、○○ということでよろしいですか？」

それが相手の言いたいことと合致していれば、「ああ、この人はわかっているな」と満足するし、違っていれば「それは違う。こういうことだ……」と違っているところだけを説明することになるでしょう。

そして、その説明が終わったあと、再び同じように聞いてみましょう。それを繰り返せば、あなたの理解が完全であると相手は確信するはずです。もし、相手の話が理解できないときは、次のような質問を投げかけて、積極的に聞いてみます。

「○○の点に関するところだけがまだよく理解できていません。もう一度説明してもらえますか?」。こうすると、あなたが相手の話を理解しようと真剣に聞いている姿勢が伝わります。それによって相手は安心して話を続けることができるのです。

そして、最後に、他に言いたいことがないかどうかを聞いておけば完璧です。

◆「返報性《へんぽうせい》の法則」を活かす

自分が言いたいことを全部言い切り、自分の話をじっくりと聞いてもらい、相手に理解されたと思ったとき、人は満足します。そして、今度はあなたの話を受け入れる心の余裕も生まれてきます。質問には、そういう効果もあるのです。

心理学では「返報性の法則」といって、他人から受けた好意には、好意をもってお返しする、という法則があります。この場合にも、人は自分の話を十分に聞いてくれたお返しをしたくなるものなのです。相手は、この返報性の法則に従って、今度はあなたの話を十分に聞いてくれるでしょう。

さあ、次は、あなたが話し出す番です。相手は、あなたの話を受け入れる態勢が完全に整っているでしょう。

するどい質問——「返報性の法則」を活かす

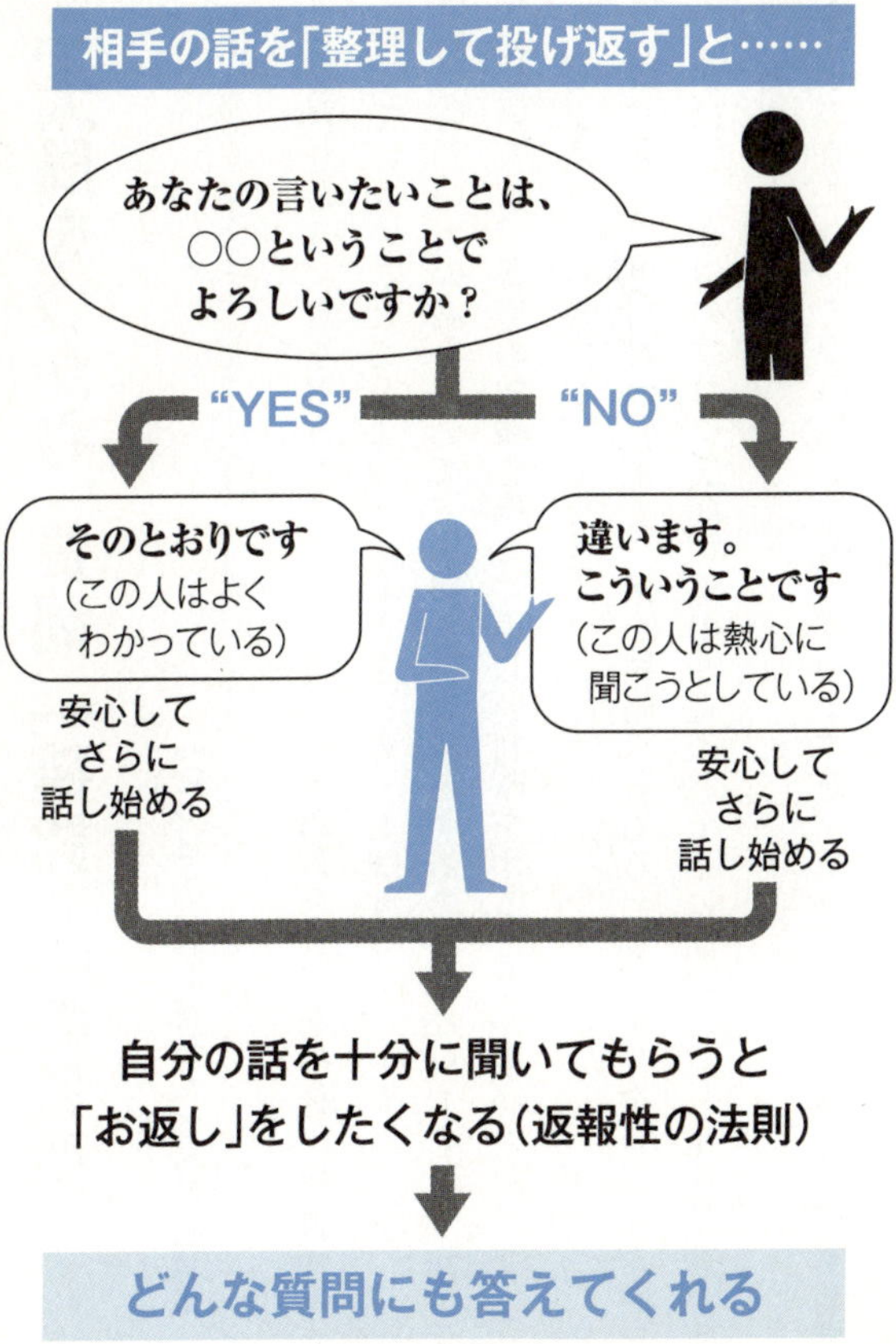
相手の話を「整理して投げ返す」と……
あなたの言いたいことは、○○ということでよろしいですか？
“YES”
“NO”
そのとおりです
（この人はよくわかっている）
安心してさらに話し始める
違います。こうういうことです
（この人は熱心に聞こうとしている）
安心してさらに話し始める
自分の話を十分に聞いてもらうと「お返し」をしたくなる（返報性の法則）
どんな質問にも答えてくれる

2 「大局をつかむ」質問、「確認型」の質問

「突っ込んだ話」を聞くときの注意点

パソコンを買うとき、車を買うとき、スポーツを始めるとき、その他、自分があまり知識を持っていないことをしようとするとき、どうしますか。

その分野に詳しい人の話を聞いて、知識を得ようとするのではないでしょうか。その分野に詳しい人は、多くの知識を持ち、正しい判断をすることが多いからです。

これは、ビジネスの世界でも同じです。

世の中には、多くの専門家がいます。何か疑問点があるとき、少し突っ込んだ話を聞きたいときは、その道のプロに質問するのが近道。上手に聞けば、有用な情報を手に入れることができるのです。

専門家はその道について深い知識を持っていますが、そのレベルで話されても、聞いているほうはちんぷんかんぷんだったりします。**専門家に質問するときは、まず**

「自分の知識のレベルを知ってもらった上で話してもらう」ことが重要です。

つまり、自分がその道について持っている知識のレベルを初めに話しておくのです。そうすれば、そのレベルに応じて回答してもらうことができます。

たとえば、パソコンを買うときも、使う目的によって必要な情報は異なってきます。ですから、「何のため」という質問の目的を、相手に伝えることが必要になります。

質問者の知識レベルと質問の目的がわかると、答える側はグンと答えやすくなる。

社内にも、「パソコンに詳しい人」や「法律に詳しい人」「会計に詳しい人」「製造に詳しい人」など、専門家がたくさんいます。そういう人に質問をするときも、この二点を踏まえると、ムダなく、無理なく、効率的に話が進むでしょう。

注意すべきは、決して知ったかぶりをしないこと。妙なプライドを見せてしまうと、役立つ情報が得られなくなってしまいます。

◆講演会やセミナーでの質問マナー

専門家の話を聞く場に、講演会やセミナーがあります。

講演会やセミナーは、ある特定のテーマに基づいて全受講者のために行なわれているので、質問をする場合もそのテーマに沿った質問をするのがマナーです。

また、質問している時間はすべての受講者の時間を使っているわけなので、ポイントだけを手短に質問します。

そのためには、**講演を聞きながら、疑問に思った点を質問メモに残して、すぐに質問できるよう整理しておくとよい**でしょう。

質問の型の例としては、「お話の中では言及されていらっしゃいませんでしたが、この制度についてはどうお考えでしょうか？」「この制度は今後どのような方向に進むと思われますか？」など、大局的な見地を問う質問や、「先生のお考えを進めると、この点は○○と考えてよろしいでしょうか」といった確認型が回答を得やすいでしょう。

反対に、ひんしゅくを買う質問としては、自分の考えを長々と話し、最後に質問になっていない形で終わるような場合とか、会場のほとんどの人が関係ない特殊な事例について質問する場合などです。

日本人はこうした場で積極的に質問をする人が少ないようですが、専門家の意見を直接聞くせっかくのチャンスです。

マナーを守りながら、多くの人にとって有益な質問をしたいものです。

するどい質問――「質問の定型」にあてはめる

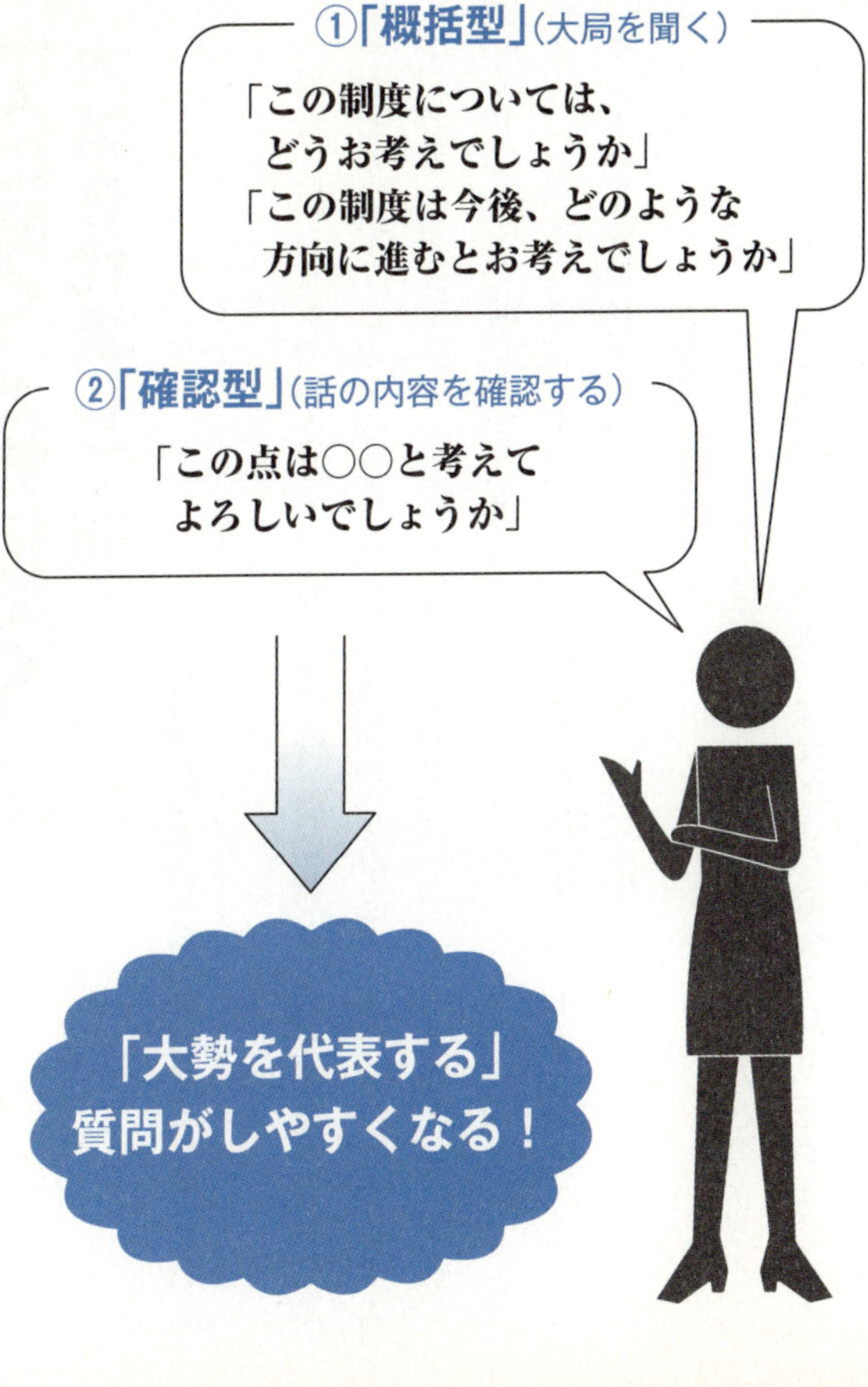
①「概括型」(大局を聞く)
「この制度については、
どうお考えでしょうか」
「この制度は今後、どのような
方向に進むとお考えでしょうか」
②「確認型」(話の内容を確認する)
「この点は○○と考えて
よろしいでしょうか」
「大勢を代表する」
質問がしやすくなる！

3 一人に聞く、大勢に聞く、大勢を代表して聞く

最大のポイントは「関心を集中させる」こと

質問は一対一で行なうものばかりではありません。質問側と、答える側の人数に差があるときがあります。このような場合には、質問の仕方も変えなければなりません。たとえば、会議の司会役になったときや講習会の講師になったときなどは、大勢に対して問いかけるような場面が出てきます。

そのとき、「このプロジェクトは、どこに拠点を置けばよいでしょうか？」というように、たとえ「5W1H」を使って質問しても、よほど聞く側を引き込んでいなければ、よい答えはなかなか期待できません。

こういうときは、「このプロジェクトの拠点は、大阪にするのがよいと思う方？」とか、「このプロジェクトに賛成の方、挙手願います」というように、「クローズド・クエスチョン」（28ページ）で問いかけます。こうした**意見表明を迫る問いかけは、**

「1対1」と「1対複数」では問いかけ方を変える

Q
A
?
「1対複数」の質問では、
まず「YES or NO」で
答えられる質問を

聞く側の集中力を高め、話に引き込むことにひと役買います。

そして、挙手した人の中から一人を指名して一対一の関係に持ち込み、今度は、「5W1H」を使った「オープン・クエスチョン」で質問するのです。

こうすると、ますます集中力は高まり、その他の人たちも、頭の中で本気で質問に対する答えを考え始めます。そのあとの話もスムーズに進むようになるでしょう。

◆「複数対複数」の場合はキーマンに注目

双方が複数の場合、たとえば、会社同士の交渉場面などでは、たいてい双方にキーマンがいて、キーマンを中心に交渉が進んできます。

このような場合には、話すときは相手方全員に向かって話していても、質問する場面では、キーマンに目線を送って質問するようにします。キーマンが答えられれば答えるでしょうし、他の人が答える場合には、キーマンがそれを指示するでしょう。皆の関心をキーマンに集中していったほうが、質問と回答がスムーズに進むのです。

◆「大勢を代表した質問」は普段とは声の調子も変えて

質問側が大勢の場合、その大勢を代表して質問しなければならない場合もあるでしょう。そのような場合に注意すべきことは、多少、**話すトーンを強めて質問していく必要がある**ということです。

大勢の期待を背負って質問するのですから、弱腰では皆の期待に応えることができません。答える側も拍子抜けして、期待された質疑を尽くすことはできないでしょう。

このように質問する側と、答える側の人数のバランスが異なっている場合には、関心を集中させ、かつ力関係のバランスが取れるように質問していくのがポイントです。

一対一のときと同じ質問パターンでは、期待した答えは返ってこないのです。

「1対1ではないとき」の質問術

大勢に聞く場合 [会議の司会など]

①全員にクローズド・クエスチョンで問いかける

「賛成の方、挙手願います」

②「1対1」にもちこんで、オープン・クエスチョンで質問

「○○さん、拠点はどこに置けばいいと思いますか？」

<→ 相手の集中力を高める>

複数対複数で聞く場合 [会社同士の交渉など]

目線をキーマンに送りながら質問

<→ 皆の関心をキーマンに集中させる>

大勢を代表して聞く場合 [団体交渉など]

強めの声のトーンで質問

<→大勢の期待に応える>

4

「Why」は、〝ここぞ〟というときに！

相手を不快にする「禁句」に注意！

　前述のように「5W1Hを軸にして聞くこと」は、有効な質問方法ですが、ここで一点、注意することがあります。それは、「Why」の使い方です。**「Why～？」という質問は、答えに論理性を要求します。そのため、「なぜ？」と聞かれた人は、苦痛を感じる**傾向にあります。

　たとえば、

「私は釣りが好きでね」

「なぜですか？」

「え？（なぜって、好きだから好きなんじゃないか。でも、理由もなしに好きなんて言うとバカみたいだな）えーと、ゆっくりと静かに糸を垂《た》らしているとね、日常から解放される気分になるんだよ（こんな答えならいいかな……）」

「糸を垂らしていると、なぜ日常から解放される気分になるのでしょう?」

「(えっ? なんで私がこんなに追い詰められなければならないのか。こいつは、何の権利があって、私を苦しめるのか)それは、やはり日常がバタバタしているから、それとのギャップだろうね(フゥ、こいつと話していると疲れる……)」

「なぜ?」と聞かれると、聞かれたほうは、論理的に答えなければ、と頭をフル回転させなければなりません。フル回転すれば、当然ストレスを感じます。

子どもが「なぜ? なぜ?」とどこまでも追及してくると、つい「うるさい!」と言いたくなるのと同じです。

したがって、雑談のときに、うっかり「Ｗｈｙ」を連発すると、嫌がられるのです。

先ほどの会話でも、雑談であれば、なるべく「Ｗｈｙ」を他の疑問の言葉に変換して使えばいいのです。

「私は釣りが好きでね」に対するなら、

例…「釣りを楽しむにはどうしたら(Ｈｏｗ)よいのでしょうか?」

例…「釣りの魅力は、どんなところ(Ｗｈａｔ)でしょうか?」

このように言い換えるだけで、相手は素直に答えることができるでしょう。

◆「この問いかけ」で頭がフル回転する

逆に相手の頭をフル回転させたいときは、積極的に「Ｗｈｙ」を使えばいいのです。

部下に十分考えさせたいときや、自分の力で答えに到達させたいとき、新しいアイデアを生み出したいときなど、存分に頭を回転させたいときは、「Ｗｈｙ」をどんどん使うようにします。

たとえば、新人が担当する案件について、これからどう対処していくのかを検討するとします。そんなとき、上司は部下の意見について、「今回の場合、Ａというやり方と、Ｂというやり方があるが、なぜ君はＢにしたのか」と質問します。

上司自身もＢがよいと思っていたとしても、部下に論理的に考えさせるために、あえてこう質問するのです。

部下はこの質問に答える過程で、Ａ案の強み・弱み、Ｂ案の強み・弱みを考えて論理的に説明することで、より理解が深まり、新しい発見に到達することもあります。

経験豊富な上司ほど、結論のみを指示しがちです。そのほうが楽だし、効率的です。

しかし、人間は自分の頭で必死に考えることで、成長していくもの。あえて「なぜ？」と質問することで部下を成長させるのも、また上司の役割なのです。

するどい質問――相手に「ストレス」を与えない

普段は「Why」ではなく「How」や「What」の言葉に置き換えて答えやすく

×「なぜ（Why）、釣りが好きなのですか？」

↓「How」に変える

○「釣りをしているときは、どんな（How）気分になるのですか？」

↓あるいは「What」に変える

○「釣りの魅力は、どんなところ（What）ですか？」

頭をフル回転させたいときは「Why」を積極的に使う

→より論理的に説明する
→より理解が深まり、新しい発見、成長につながる

5

「論理的」に突き詰めていく方法

こんな「目のつけどころ」があったのか

質問とは、常に目的があるもの。知りたいことを聞くだけでなく、その質問によって相手の注意を引きつけたり好意を獲得したいとき、また、相手に何かを気づかせたいとき、などなどです。どの場合にも、**漫然と質問をするか、「するどい質問」をするかによって、その効果には雲泥《うんでい》の差**が出てきます。

たとえば、部下と「話題のビジネス書」の話になったとしましょう。上司としては、部下に今後の仕事や人生でその本を活かしてもらいたい——そんな思いがあっても、ただ漫然と「その本はどうだった？」と聞いては、その思いは伝わりません。

そんなとき、「その本で最も参考になった点はどこだった？」「その本から得たことを仕事に活かすとしたら、どう行動すればいいかな？」といった聞き方をすると、部下は単に読んだだけでなく、具体的な行動を起こすことにつながります。

質問の「するどさ」を増す方法

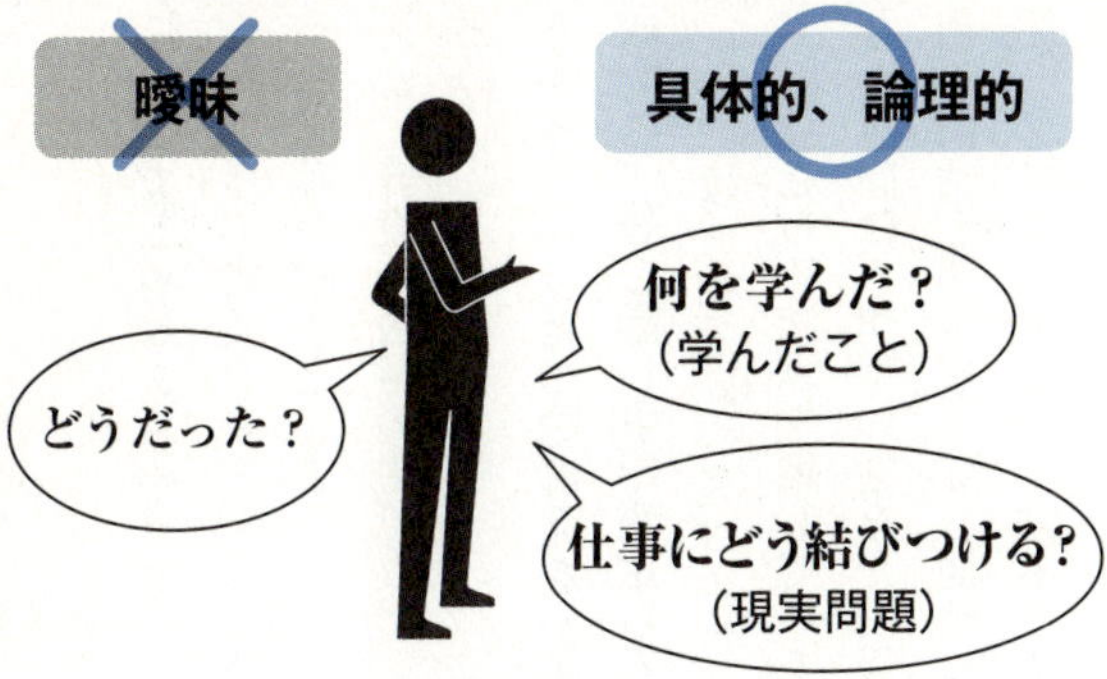
曖昧
具体的、論理的
何を学んだ？
（学んだこと）
どうだった？
仕事にどう結びつける？
（現実問題）

このとき、ポイントは二つあります。

一つ目は、**「具体的な質問」をする**こと。先の例では、後者の質問は、今の仕事と結びつけているために思考が具体化され、本で読んだことと現実の仕事がリンクします。

二つ目は、**「質問の目的」を見定め、「論理的に突き詰める」**こと。

「本で学んだことを活かせるように」という目的で話すのなら「本で学んだこと」と「学んだことを今後の仕事に活かす」ことを論理的に結びつけなければなりません。

そのために、まず、学んだことを明確にし、それと現実問題を結びつける質問をする必要があります。このように、目的を見定め、その目的を達成するために論理的に突き詰めていくことで「するどい質問」ができるようになるのです。

◆相手に「気づき」を与えるやり方

さらに、相手の考えをいろいろな場面に当てはめてやると、本人が今まで想定していなかった思考が働き出します。

たとえば、普段の会話の中でも、

「先ほどの○○という考えを、△△に当てはめると、どうなるだろう?」

というように、**ひとつの考えをいろいろな場面に当てはめてみる。「横展開」というこの質問は、もし話し手が想定していなければハッとする**でしょう。本人が気づいていない質問は、相手に「気づき」を与える質問でもあるのです。そうした質問によって、話はさらに深みを増していくに違いありません。

こうした質問は、相手の話をただ漫然と聞いているだけではできません。

常に相手の話を聞きながら、同時にそれを論理的に突き詰める作業が必要となります。一朝一夕《いっちょういっせき》にできることではありませんが、いつも心がけておくことで、するどい質問がいつでも簡単に繰り出せるようになるのです。

するどい質問――相手をハッとさせる「横展開」

◎「横展開」をしてみると……

例

「交渉とは、勝ち負けではなく
自分が最も利益を得る結果を出すことである」

←【横展開①】会社間の競争では?

「ライバル会社との勝ち負けという観点だけでなく、
最も利益を得る結果を出すことと考えたら?」

←【横展開②】社内なら?

「社内での競争についてはどうだろうか?」

←【横展開③】家庭なら?

「家庭でも応用できるだろうか?」

6 「意見を必ず通したい」ときこそ、この手を！

「聞きたかった答え」が必ず引き出せる

あるＩＴ機器関連企業の安達さん。今年の定期異動でカスタマーサービス部から、営業部の課長に就任したばかりですが、就任してすぐ気になることがありました。

それは、部員が出す営業日報に具体的な記載が少ないことでした。「○○社と打ち合わせ」「△△社に納品」など、大雑把な行動記録しか記載されていないのです。

これでは案件の進捗状況や売上の把握が難しく、いちいち安達課長が、各営業部員に状況を聞かなければわからないような状態でした。

そこで、安達課長は、営業部員の一人である皆川さんを呼び寄せました。

安達「皆川君、なんでこんないいかげんな営業日報を書いているんだ？」

皆川「今まで、それでやってきて何も言われませんでした」

安達「今後は全員、営業日報にその日の営業状況を、交わされた会話の内容や具体的な数字を含めて詳細に記載して提出するよう伝えてくれ」

皆川「私たちがきちんと営業していないということでしょうか」

安達「いや、そうじゃない。情報を共有しなきゃならないだろう。明日から、そうするように皆に伝えておくように」

その結果、「今度の課長は俺たちのことを信用していないみたいだ。行動を逐一報告させて管理しようとしている」という話が流れ、部員は新任課長に対して不信感を抱き、安達課長は総スカンを食ってしまったのです。

安達課長は、**いきなり相手を糾弾《きゅうだん》するような聞き方をしてしまい、自分の意見を通すことばかりで、相手の事情を聞こうとしませんでした。これが失敗を招いた**のです。

◆相手に考えさせ、自ら答えを出させる法

安達課長のような失敗をしないためには、どのように質問すればよいのでしょうか。

コミュニケーションは、お互いの異なる考え方をつなぐもの。相手のことを考えな

ければうまくいくものもうまくいきません。聞き方ひとつで、話の進み方はまったく違ってくるのです。先ほどの例で見てみましょう。

安達「皆川君、前任の課長は、部員の営業状況はどうやって把握していたのかな？私はまだ全然把握できていないのだけれど」

皆川「今までは、簡単な営業日報を提出していました。あとは、悩んだときに、課長に聞きに行くくらいです。成約したときに、報告が上がることになっておりますので、それで把握されていました」

安達「なるほど。かなり自由な感じを受けるけれど、そういう管理体制でよかった点は、どんなところだろうか？」

皆川「やはり自由にやらせてもらえるので、自分の力を発揮できると思います。また、上司から信頼されている感じもして、モチベーションが上がります」

安達「私が部員だとしても、そう感じるだろう。ところで、反対に困ったこと、やりにくかったことはないだろうか？」

皆川「その時点での営業の進行状況全体を把握している人がいないので、営業部員

こんな「口を閉ざさせる聞き方」をしない

✕ 聞く耳を持たない質問

（答えを求めていない、叱りつける言い方）

「なんで、こんないいかげんな営業日報なんだ？」

✕ 強引な指示

（事情も聞かず、理由も話さず、自分の意見だけを強引に押しつける）

「今後は全員、その日の営業状況を、会話や数字を含めて詳細に提出してくれないか？」

✕ 決め付けた命令

（相手の反論にも答えずに自分の意見を押し通す）

「明日からそうするように伝えてくれないか？」

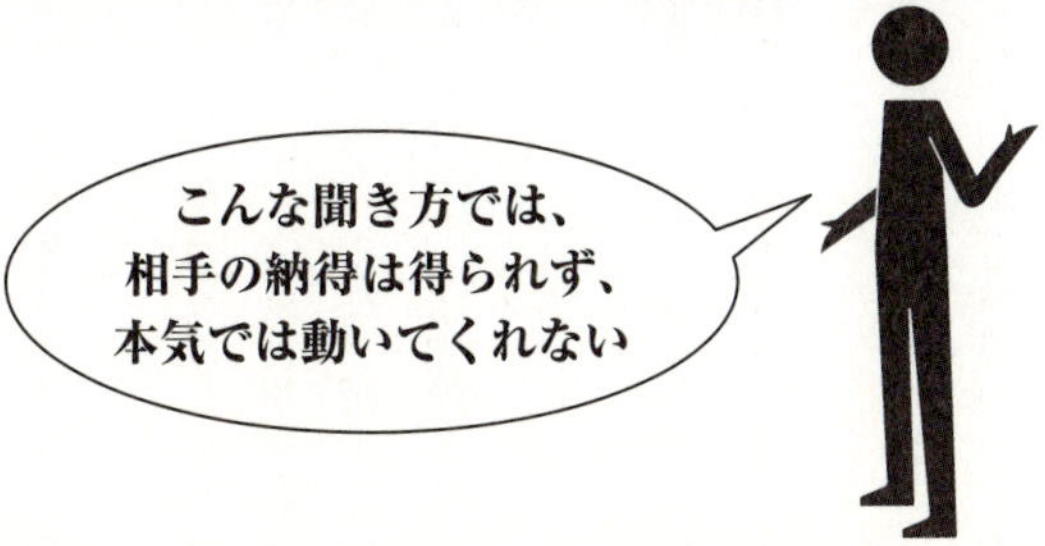
こんな聞き方では、
相手の納得は得られず、
本気では動いてくれない

の間にバラバラ感がありました。部全体の一体感もありませんでした」

安達「では、そのデメリットを防ぎつつ、さきほどのメリットを発揮するのに、何かよいアイデアはないかな?」

皆川「そうですね。任せていただけるのはありがたいのですが、やはり詳しい営業の状況は課長に把握していただいたほうがいいと思うので、営業日報をもう少し詳しく書くようにするのもひとつの方法だと思います。また、指示を仰ぐというのではなく、報告という形にすれば、自主性は守られると思います」

安達「わかった。ではそうしてもらえるかな? 皆を集めてくれ」

この営業部は、その日以降、部員たちが毎日詳細な営業日報を提出することとなりました。その結果、安達課長は、部下の営業状況を随時把握することができ、皆からの反感を買うこともありませんでした。

ここで、安達課長は何ひとつ意見を言うことなく、望む結果を手に入れています。質問を投げかけ、相手に考えさせ、自ら答えを出させることで、両者納得の上での合意が得られる。まさに、これが「質問の力」なのです。

するどい質問──「相手に考えさせる」問いかけ方

よい問いかけ①

まず、現状を尋ねる

「前任者は、営業状況はどうやって把握していたのだろうか？」

よい問いかけ②

これまでの良かった点を先に聞く

「そういう体制で良かった点は？」

よい問いかけ③

今まで不便を感じていた部分を聞き出す

「困ったこと、やりにくかった点はないだろうか？」

よい問いかけ④

解決策を自分で考えさせる

「何か良いアイデアはないか？」

7 「質問」の形をした「命令」法

「相手を尊重する」聞き方が人を動かす

質問を投げかけることによって、自ら答えを出させることは大きな効果を発揮します。ただし、ただやみくもに何でも質問すればいい、というわけではありません。
たとえば、前項の安達課長と部下の皆川さんが次のような会話をしていたらどうでしょうか。

安達「君が私に、その日の営業状況を報告するのは当たり前だろう？」
皆川「当然です」
安達「これまでの簡単な営業日報を詳細にすると、君の業務に支障が生じるか？」
皆川「たいして生じないと思います」
安達「では、明日から、毎日詳細な営業日報を提出することができるか？」

皆川「はい」

これではやはり、安達課長の真意は部下に伝わらず、毎日イヤイヤ日報を提出するようになるでしょう。なぜ、そんな気分になるかといえば、ここで使われている質問はすべて、「クローズド・クエスチョン」（28ページ）だからです。

クローズド・クエスチョンは、二者択一を相手に迫り、会話をコントロールする質問なので、結論に到達する過程に強引さを感じてしまうのです。**相手を尊重して、答えを引き出すには「オープン・クエスチョン」（28ページ）を上手に使わなければなりません。**

◆「質問」の形をとれば「命令された」と感じない

74〜76ページの成功例を見てみましょう。安達課長は、「皆川君、前任の課長は、部員の営業状況はどうやって把握していたのかな?」と質問しています。ここでは、「How」（どうやって把握していたのかな?）が使われています。

「Why」を使って、「なぜ営業の状況を報告してくれないのだ?」という質問も考えられますが、これでは相手に「詰問《きつもん》されている」「責められている」という印象を与えます。まず現状を把握するには、やはり「How」で始めるのが最適です。

次の質問は、「そういう管理体制でよかった点は、どんなところだろうか？」（What）です。このミーティングでの安達さんの目的は、「営業状況を逐次報告させるようにすること」です。この質問と反対の目的を達成しようとしているのです。

しかし、安達さんはこれによって、皆川さんのこれまでの行動を正当化してあげています。よい点が認められ、従前の皆川さんの行動が正当化されます。そのあとであれば、デメリットを指摘しやすくなります。この質問には、そうした配慮が含まれているのです。

そして、最後に、「ではそうしてもらえるかな？」と、クローズド・クエスチョンを使用しています。この段階では、すでに結論は明確になっているので、部下の意思を明確にさせるために、クローズド・クエスチョンが使われているのです。

このように、**「命令」を「質問」に変えることで、相手を尊重しつつ、相手の考えを変え、そして自発的な行動をうながすことができる**のです。そのために、上司としても、積極的に部下に質問をしていくことが大切なのです。

「命令」ではなく「質問」で相手を動かす

「How」(どうやって)で聞く

まず、「How」で現状を把握。「Why」(なぜ)で聞くと、相手は責められているという印象を受ける

✕「なぜ報告しないのだ？」

↓

「What」(何が)で聞く

「What」を使ってよい点を聞き出すことで、これまでの行動を正当化。そうすると、デメリットが指摘しやすくなる。

○「何がよくて、何が悪かったのか」

↓

「What」(何か)で聞く

再び「What」を使って、問題点を克服するアイデアを考えさせる。

○「何か解決する方法があるかな？」

↓

最後に「クローズド・クエスチョン」で確認をとる

○「では、そうしてもらえるかな？」

8

「質問攻め」にされた部下は育つ

指示は「疑問形」で示せ

私の事務所では、弁護士が二〇人近く、スタッフが一〇人ほど働いています。それぞれがさまざまな仕事を抱えているため、私のところには一日に何度も部下から質問がくることがあります。

「この件は、どのように処理したらよろしいでしょうか?」

このような質問に対し、「これこれこうしなさい」と指示をすることは簡単です。しかも、早く処理できます。

しかし、それでは、今後も同じように、この人は何も考えずにただ質問にくるだけでしょう。そのたびに指示を与えていたら、いつまでたっても、困難な問題に対処する能力はつきません。

そしてまた、そのような能力がつかなければ、結局仕事の質が低下することにもつ

「指示待ち部下」が質問で一変！

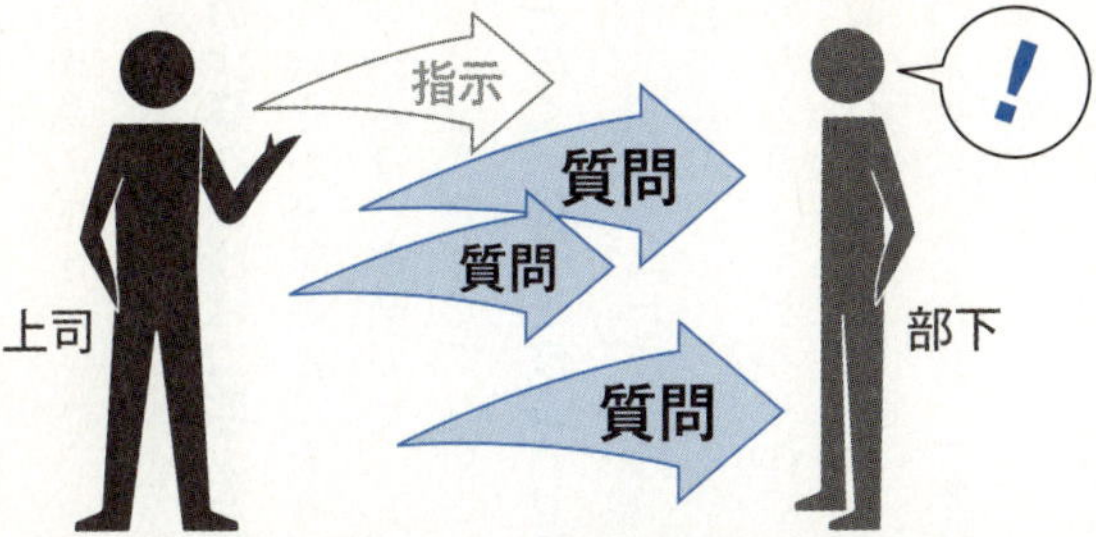

すぐに指示せず、質問で考えさせる

ながってしまうでしょう。

そこで、部下から質問がきた場合には、できる限り、本人の考えや意見を聞くようにします。

「君はどう考えている？」

「その根拠は？」

「この点は考えたか？」

「どうクリアするつもりだ？」

日頃から、こうした質問形式のやり取りをしていれば、何も考えずに上司に指示を仰ぎにくることはなくなります。

本人なりに調べ、論理的に検証した上で、質問にくるのです。

このようなやり取りは、時間がかかるので、その時点では「時間がもったいない」

と思うかもしれません。しかし、本人の能力向上につながり、結局は、業務の質の向上につながるのです。

◆上司の大事な任務は「部下を鍛える質問」

上司のほうが経験豊富であり、的確な指示ができることは当然のことです。しかも、指示を与えるほうが楽です。

しかし、部下を育てていくことも上司の役割のはず。そのために、**すぐに指示を与えることなく、部下を成長させるべく質問を発しておくことも大切**です。

それに、上司といっても完璧ではありません。部下の考えの中に新たな発見があるかもしれません。

部下の考えのほうがすぐれていることだってあるかもしれません。そのような可能性を排除しないようにしておくのも、いい仕事をするための条件です。

仕事の最終的な目的は、「最善の結果」であって、自己満足ではないことを肝に銘じたいものです。

そのためにも、「質問を投げかける力」が必要になってくるのです。

質問に「質問で返す」法

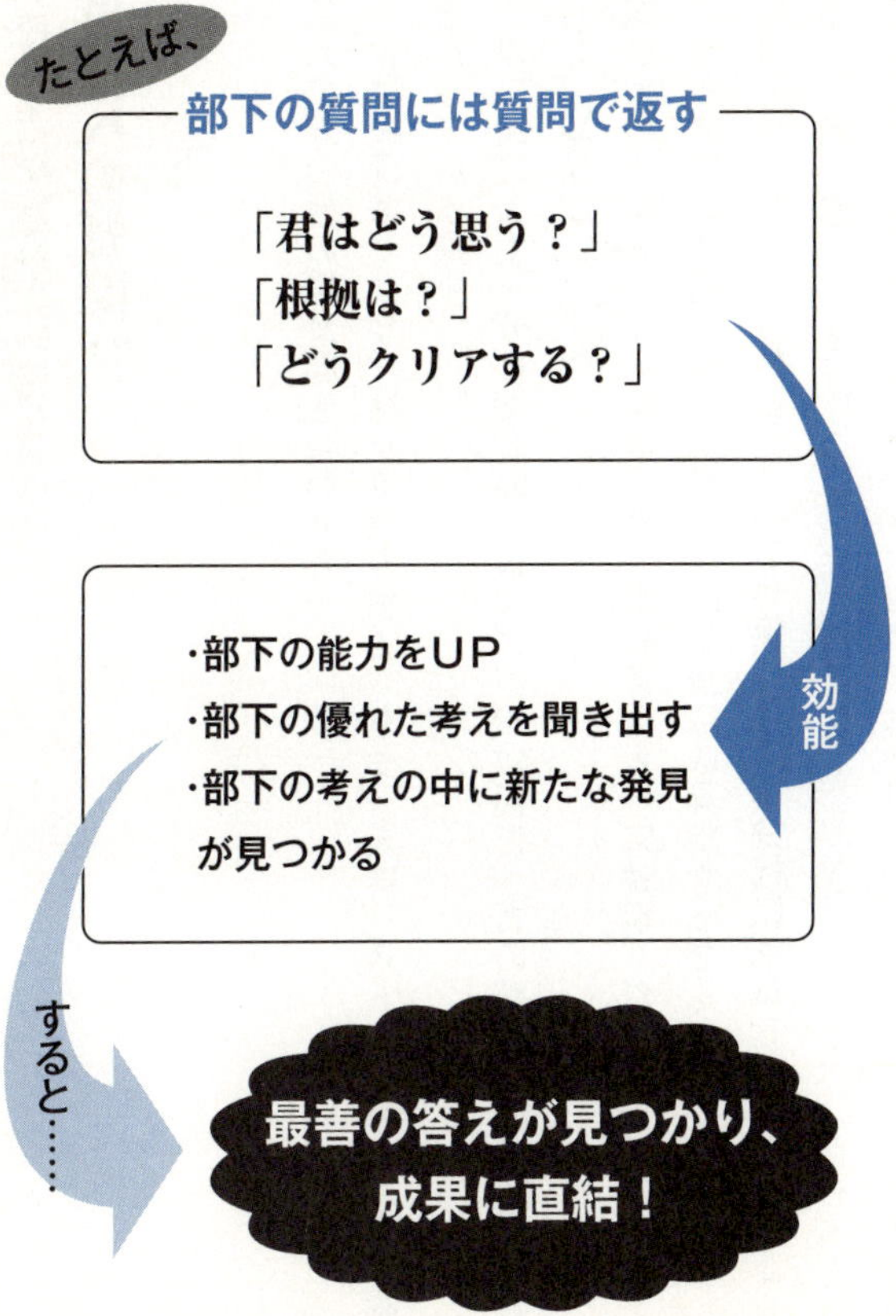
たとえば、
部下の質問には質問で返す
「君はどう思う？」
「根拠は？」
「どうクリアする？」
効能
・部下の能力をUP
・部下の優れた考えを聞き出す
・部下の考えの中に新たな発見が見つかる
すると……
最善の答えが見つかり、
成果に直結！

コラム2

人生を決定的に変えた「自分への質問」

二人の五〇歳の男が顔を合わせた。

一人は投資家となり、悠々自適《ゆうゆうじてき》の生活。もう一人はリストラに遭い、再就職先を探している最中。

この二人の人生を分けたものとは、いったい何だったのだろうか——それは、「自分への質問」だった。

同じ大学を卒業した二人は、同じ電機メーカーに就職。だが、入社五年目くらいから会社の業績が悪くなり、一〇年後には昇給すらなくなっていた。

そのとき、リストラの男は、「なぜ俺はこんな会社に就職したのか？　なぜこんなに運が悪いのか？」。条件の悪い転勤を命じられたときは、「なぜ俺だけがこんな目に遭うのだろう？」と自嘲《じちょう》するばかり。ついにはリストラの憂《う》き目に遭った。

一方、投資家の男は、「このままではこの会社はダメになる。これまでの経験を活かして何か事業が始められないだろうか？」「今後必要とされるのは、どんな分野だろうか？」と自分に問いかけ、独立を目指した。そして、新たに立ち上げた事業を軌道に乗せた頃、男は再び自問した。

「家族との時間を大切にしたい。それと同時にある程度の収入を得るにはどうしたらいいだろう？」

そこで男は事業をすべて売却。そこで得たお金を元手に不動産投資を始め、現在に至るのである。

自分によい質問をし続ければ、よい方向で思考が動き出し、行動できる。逆に、自嘲というような悪い質問をし続ければ、悪い方向にしか思考は動かないことになるのだ。

3章

議論で絶対負けない「論理的な質問」術

ここを突っ込まれたら、反論できない！

1 「なぜ？」を五回繰り返す

いちばんシンプルな「論理的思考法」

問題の解決方法を探ったり、新しい発想にたどり着くには、どんな「問い」を立てるかが極めて重要です。

このとき有効なのが、「Ｗｈｙ？」（なぜ）という質問です。「Ｗｈｙ？」と聞かれると、誰もが頭をフル回転させて論理的に考えなければならないので、使い方には注意が必要だと２章でお話ししました。

そうであれば、**頭をフル回転させて、論理的に考えたいときには、積極的に「Ｗｈｙ？」を使っていくべき**だということになります。

トヨタ自動車では、「『なぜ？』を五回繰り返す」を問題解決の基本に置いているというのは有名な話です。

たとえば、Ｂ君の席の近くの床にゴミが落ちていたとします。

A部長「なぜ、ここにゴミが落ちているのか？」

B君「申し訳ありません。それは私がゴミ箱に捨てたはずの書類です」

A部長「なぜ、B君はその書類を捨てたのか？」

B君「終わった仕事だからです」

A部長「なぜ終わった仕事の書類を取っておかず、捨てるのか？」

B君「念のために取っておいたコピーだからです」

A部長「なぜ念のためにコピーを取ろうとしたのか？」

B君「なくすと不安だったからです」

A部長「コピーを取っていれば役に立つのか？」

B君「今までとくに必要になったことはありません」

A部長「むしろ書類の保管をきちんとすれば、コピーは必要ないのではないか？」

この場合、「なんだ、こんなところにゴミを落として」で終わってしまえば、それまでです。しかし、「なぜ？」を繰り返していくことで、床にゴミが落ちることを防ぐだけでなく、コピーを取って保管するというムダな仕事があるという問題を発見し、その解決にまで結びつけていくことができるのです。

◆自分に「なぜ？」を問い続ける

「Ｗｈｙ？」は、自分に対する質問としても威力を発揮します。**物事を根本まで遡《さかのぼ》って理解しているかどうかを試すときに有効**です。

また、当然だと思っていたことでも「なぜ？」と問うことにより、実はまったく理解していなかったことに気づくこともあります。自分が偏見で物事を見ていたことに気づくのです。

「なぜ、あの商品は売れて、この商品は売れないのだろう？」

「なぜ、今回の営業は成約しなかったのだろう？」

「なぜ、営業部と管理部は、こんなに意見が食い違うのだろう？」

普段、何気なく通り過ぎているところに、「なぜ？」と切り込んでいくことによって、論理的に考え、重大な発見をすることがあります。

自分に対して、積極的に「なぜ？」と問いかける習慣が、問題解決力を養うのです。

「なぜ？」という問いかけの力

スタート

物事、事実、現象

▼

床に“ゴミ”が落ちていた

①「なぜ？　ここにゴミが落ちているのか？」

→「ゴミ箱に捨てたはずの書類です」

②「なぜ？　その書類を捨てようとしたのか？」

→「終わった仕事だからです」

③「なぜ？　終わった仕事の書類を捨てるのか？」

→「念のため取ったコピーだからです」

④「なぜ？　コピーを取ったのか？」

→「元の書類をなくさないか不安だったからです」

⑤「コピーを取っていれば役に立つのか？」

→「とくに必要になったことはありません」

ゴール！

問題の発見

▼

ゴミが増える＋ムダなコピー取りとその保管

問題の解決

▼

控えのコピーをやめる＋書類の保管方法の改善

2 「質問は攻撃」「回答は守備」と心得る

ソクラテスが使った「議論で絶対に負けない」法

古代ギリシャに、ソクラテスという議論の達人がいました。

当時のギリシャでは、弁論の技術、議論の技術が発達し、それらを教えることによって生計を立てる人がいたくらいです。その中で、ソクラテスは次々と弁論家たちを論破して歩き、「最強の議論家」の名をほしいままにしました。

そのソクラテスの議論力の秘密が「質問」にあります。ソクラテスの議論は、実は質問から成り立っているのです。たとえば、「嘘は悪か」についての問答です。

ソクラテス「『友人に嘘をつくこと』は悪か？」

ある男「悪である」

ソクラテス「では、『病気の友人に薬をのませるためにつく嘘』は悪か？」

ある男「……悪ではない」

ソクラテスの質問によって、「嘘をつくことは悪いことだ」という主張は崩されました。**質問を相手に投げかけ続けることでも、相手を打ち負かすことができる**のです。

なぜ、質問は、議論にそれほど有効に使うことができるのでしょうか。

◆「弁護士」の立場に立つか、「証人」の役割に回るか

裁判では、証人尋問が行なわれます。弁護士が質問し、証人が証人席で弁護士の質問に答えます。この場で、証人は弁護士に議論で勝つことができません。

その理由は、弁護士は「質問する立場」であり、証人は「答えるしかない立場」に置かれるからです。

いうならば、弁護士は自分の好きなように質問し、もし、不利になりそうなときは質問をやめればいい。自分が攻撃されることがないのです。

議論とは、自分の主張の正当性を強める理由づけをし、相手の主張の正当性を弱める攻撃を繰り返すプロセスです。その場では、何も言えなくなったときが敗北です。

つまり、「質問した者が勝ち」、「質問に答えられなかった者が負け」です。

質問する側は、疑問に思う点を質問として投げかけるだけでいいのです。そして、

質問する立場に立っている限り、相手に攻撃されることはありません。

しかし、答える側は大変です。整合性のある答えをしなければ、さらにするどい質問にさらされます。そのため、一所懸命考えなければならなくなります。

その場合、論理的に整合しているのが当たり前であり、少しでも論理的に矛盾が生じれば論理が破綻《はたん》したとみなされるという、極めて不利な立場に立たされるのです。

したがって**議論では、質問する立場に立つほうが圧倒的に有利**なのです。

もちろん、社会生活の中では、証人尋問のように一方的に尋問を続けることは無理でしょう。

しかし、会話や議論の中で質問を繰り出すことはできます。

あるいは、「私は○○と考えますが、あなたは○○の場合には、どのように考えますか?」というように、自分の立場を表明しつつ、最後に質問で終わることもできるでしょう。「その考えには非常に興味があります。では、この場合はどうでしょうか?」というように、相手の考えに興味を示して質問し続けることもできます。

このような方法を使って、できるだけ「質問をする立場」にまわることで、議論で優位に立つことができるのです。

議論は「質問し続ける人」が強い

不利になったら質問をストップすればいい
質問者
Q「なぜ、そう思う？」
Q「本当にそれは正しいか？」
Q「具体的な根拠は？」
Q「そもそも、前提が違っていないか？」
Q「単なる思い込みではないか？」
答える立場
質問に答えられなくなったら負け！

3 「争点整理」で相手の本音を引き出す

「類似点」と「相違点」を明確にする

また裁判の話になりますが、民事裁判というのは、対立する言い分がある当事者同士が、それぞれ自分の主張の正当性を立証し合う、するどい議論の場です。

これまでの長い裁判の歴史の中で、「どのような手続きを経れば合理的に議論できるか」ということが研究されてきました。したがって、議論について考える際には、裁判の手続きを考えてみると、参考になる点が多くあります。

その裁判の手続きの中に、「争点整理手続」というものがあります。これは、お互いの主張の食い違いがどこにあるのか、どの点について証拠調べを行なえばよいかを整理する手続きのことです。

この争点整理の手続きは、通常の議論でも応用できます。

私たちが議論をするとき、往々にして争点が明確になっていないことがあります。

「争点整理手続」方式で聞き出す」！

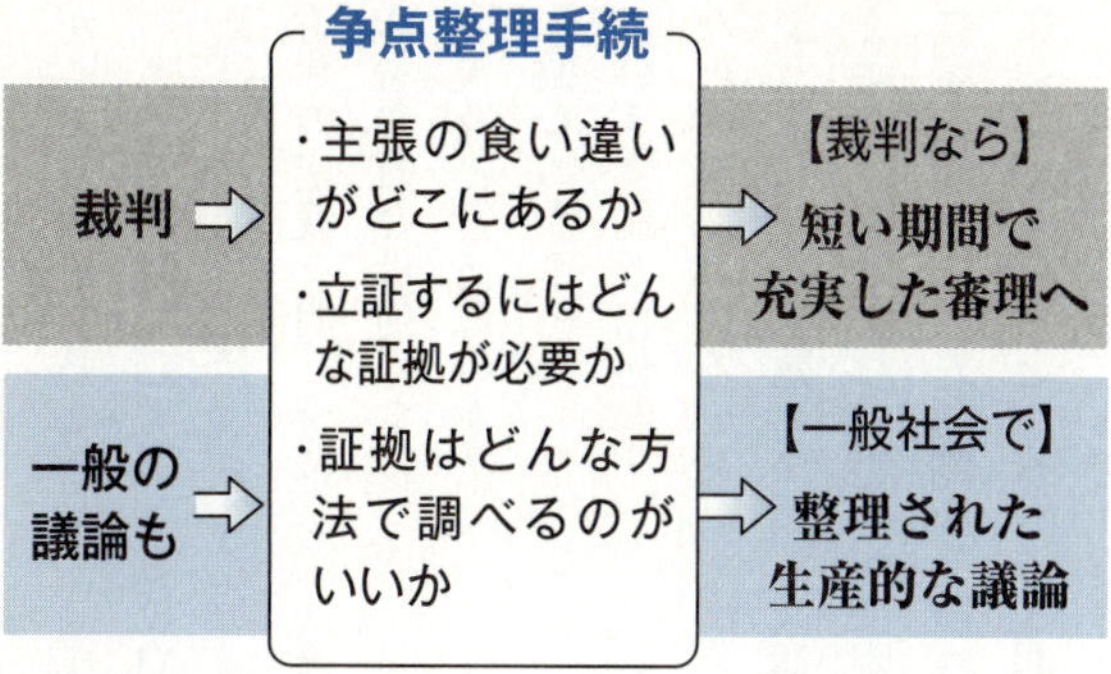
争点整理手続
裁判
一般の議論も
・主張の食い違いがどこにあるか
・立証するにはどんな証拠が必要か
・証拠はどんな方法で調べるのがいいか
【裁判なら】
短い期間で充実した審理へ
【一般社会で】
整理された生産的な議論

それぞれが自分の意見を言い合うだけで、議論がかみ合わないのはそのためです。

会話も整理されず、生産的な議論になりません。これでは、よりよい結論に至ることもできないでしょう。

◆「どこに違いがあるか」が見えてくる

争点を明確にするとは、双方の主張のどこが同じで、どこが異なっているのかをはっきりさせることです。

それには、相手の主張の内容をよく理解していなければなりません。相手の主張を理解しているから、自分の主張との違いも明確になり、自分の主張の正しさを明らかにすることができます。また、相手の主張の欠点についてただすこともできるのです。

したがって、議論するときは、まず「相手の主張を理解するための質問」をしていきます。**とくに明確にしておかなければならないのが「主題」となる言葉の定義**です。

たとえば、「失敗の責任のとり方」についての議論であれば、まず「失敗」「責任」という言葉の定義を明らかにし、共通の認識のもとに議論を進めなければなりません。

「そもそも失敗とは何か？」

「今回は失敗と言えるのか？」

「誰の失敗なのか？」

「今回でいう責任とは何か？」

などなど、質問はいろいろと考えられます。

このようにして、主題について共通認識を持って初めて、議論の出発点に立つことができます。**質問により、相手が想定している言葉の定義を明らかにし、お互いの主張の対立点を明確にして議論を発展させることができる**のです。

「議論に強い」というと、自分の主張を押し通す力が強いという印象を受けがちですが、実は相手の主張をどれだけ理解できるかが議論に強くなる第一歩なのです。

議論をより「生産的」にする質問

「そもそも○○とは何か？」
（議論の主題を明確にする質問）

例　**「一つの事業の失敗」**について議論する場合

まず　「そもそも失敗とは何か？」
Q「今回は失敗といえるのか？」
Q「誰の失敗か？」
Q「今回の責任とは何か？」

↓

[共通認識の下で議論する]

↓

[相手の主張を理解する]

↓

生産的な議論を実現！

4 「そもそも質問法」が脱線を防ぐ

議論を始める前のチェックポイント

私たちは、普段何気なく議論をしています。たとえば、家族のことにしても、「太郎は私立のA小学校よりも、公立のB小学校に入れるべきじゃないだろうか」などと話します。これも議論です。

ビジネスでも「今後は、B to B（ビジネス・トゥ・ビジネス、いわゆる法人営業）よりも、B to C（ビジネス・トゥ・コンシューマー、個人消費者を対象とした営業）にシフトすべきだ」というような議論になります。しかし、こうした主張に対して、すぐに反論を開始し、議論を始めてよいのでしょうか。

議論すべき対象は明確になっているでしょうか。お互いが異なる前提のもとに議論を始めようとしていないでしょうか。議論の前に、それを明確にしておくべきです。

人間は、みな異なった環境で生きてきています。たとえば「少年」という言葉を聞いて、小学生を想定する人もいれば、二〇歳未満すべてを想定する人もいます。そのような異なった想定のもとで、いきなり少年法問題を論じても議論はかみ合いません。

したがって、何か議論を開始しようとするときは、次の三つの質問を自分に、そして相手に投げかける必要があります。

①その議論を行なう必要があるのか。

②その議論の立て方で議論するのが最善であるのか。細分化できないか。

③定義は明確になっているか。

◆「堂々めぐり」のワナに陥らないために

議論したり、会議したりしていると、話があらぬ方向にいってしまい、当初の議題からかけ離れてしまうことがあります。争点がどこにいってしまったのか、わからなくなったり、議論が堂々めぐりをしてしまい、まったく結論が出ないときもあります。

こんなときに有効な質問が、「そもそも質問法」です。

具体例で見てみましょう。課長が若手社員の山内君に注意している場面です。

課長「山内君、君、社会人なんだから、もう少し服装をきちんとしたらどうだ？」
山内「お言葉ですが、同僚の前田君とそれほど変わらないと思います」
課長「そんなことはない。スーツのしわを伸ばすことも、社会人の基本だぞ」
山内「そうだとしても、前田君より私のほうが成績は上だと思います」
課長「確かにそれはそうだ。しかし、成績ばかりで評価されるわけではないよ。社内の人間関係も大切だ」
山内「社内の人間関係というのは、上司との関係ということでしょうか？」
課長「それもあるが、先輩や後輩、同僚との関係も重要だ」（何の話だったか？）

議論をしているときには、どうしても相手の話に引きずられ、脱線していくことがあります。そんなとき「そもそも、何を議論しているのだろう？」と自問してみることにより、議論を本来の目的に引き戻すことが可能となります。さらに、**議論を本来の目的に引き戻したときは、さらに「そもそも質問法」で核心に迫っていきます。**

「そもそも社会人の服装とは、どうあるべきだろうか？」
この質問から「実のある議論」が始まるのです。

いい質問で、いい議論ができる！

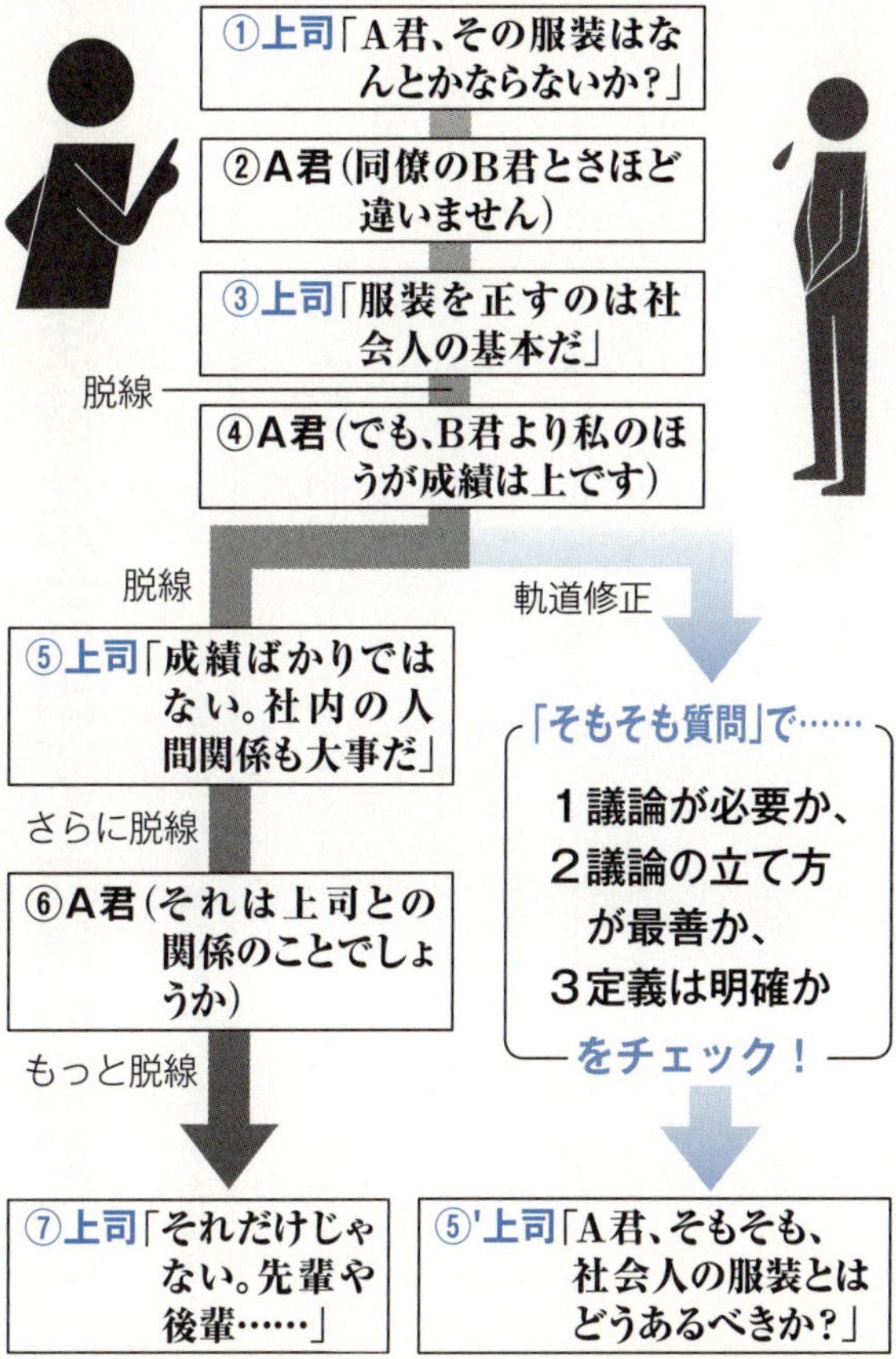
①上司「A君、その服装はなんとかならないか？」
②A君（同僚のB君とさほど違いません）
③上司「服装を正すのは社会人の基本だ」
脱線
④A君（でも、B君より私のほうが成績は上です）
脱線
⑤上司「成績ばかりではない。社内の人間関係も大事だ」
さらに脱線
⑥A君（それは上司との関係のことでしょうか）
もっと脱線
⑦上司「それだけじゃない。先輩や後輩……」
軌道修正
「そもそも質問」で……
1議論が必要か、
2議論の立て方が最善か、
3定義は明確か
をチェック！
⑤'上司「A君、そもそも、社会人の服装とはどうあるべきか？」

5 すごい解決策を生み出す「立場の転換法」

たとえば「松下幸之助ならどう考えるか?」

前項で挙げた、「そもそも」を問いかけ、考えることは、常に目的を忘れず論理的に考える「論理思考」につながります。

目的と手段がいつの間にか入れ替わる、というのは起こりがちな問題です。

たとえば、コンプライアンス(法令や規則の遵守《じゅんしゅ》)の重要性は言うまでもないことですが、そもそもどうしてその法律ができたのか、その根本を理解し、それに基づいた行動を取ることが重要なのであって、しくみやマニュアルをつくるのはそのための手段です。

ところが、日常の仕事に忙殺されていると、ついつい手段であるしくみやマニュアルづくりが目的であるように勘違いしてしまいます。

そうすると、「魂の入っていない器」だけができてしまって、本来の目的を果たせなくなってしまいます。

常に基本に立ち返って考える。それが、本質を見抜く力を養い、多くの問題解決の突破口にもなります。

◆発想に行き詰まったら——この手がある

何人かで集まって企画会議をやったり、仕事上の戦略を考えるときに、いい発想がなかなか湧いてこなかったり、考えが堂々めぐりになったりすることがあります。

そんなときは、**自分に対し、あるいは会議のメンバーに対し、質問を投げかけることで、思考の迷路から脱出できる**ことがあります。

先の、「そもそも質問法」もそのひとつですが、私たち弁護士がよく使う発想法に「立場の転換法」というものがあります。

私たち弁護士も、事件を処理する上で、いつもすばらしい発想が浮かんでくるわけではありません。そんなとき、**立場を転換することで発想を得ようとする**のです。

私たちは、事件を扱うので特殊に思われがちですが、一般のビジネスの社会と何ら構造は変わりません。

「立場の転換法」とは、たとえば、次のようなものです。

その事件には複数の登場人物がいます。そこで、それぞれの登場人物が事件をどのように見て、どのように解決したがっているか、視点を替えて事件を眺めてみます。

また、相手方は、この事件をどう見ており、何を求めているか、どう解決したいと思っているか、を感じ取るようにします。あるいは、第三者である裁判官にはどのように見えるだろうか、と当事者の立場を離れて見るようにします。

そうすると、狭い見方しかできなかったところで、新たな発想が湧いてくることがあるのです。

ビジネスであれば、**「顧客目線に立ってみる」**というのはよく行なわれることでしょう。顧客が子どもであれば、子どもの目線に立ってみます。そこには、それまでとは違った世界が見えてくるはずです。

また、**判断に迷ったときは、「もし、松下幸之助だったら、この局面でどう判断するか？」などと考えると、今までとまったく異なる発想が湧いてくる**こともあります。

考えが堂々めぐりに陥ったときなどは、議論を一歩離れ、このような質問を投げかけることで、突破口が開けていくのです。

質問の幅をグンと広げる方法

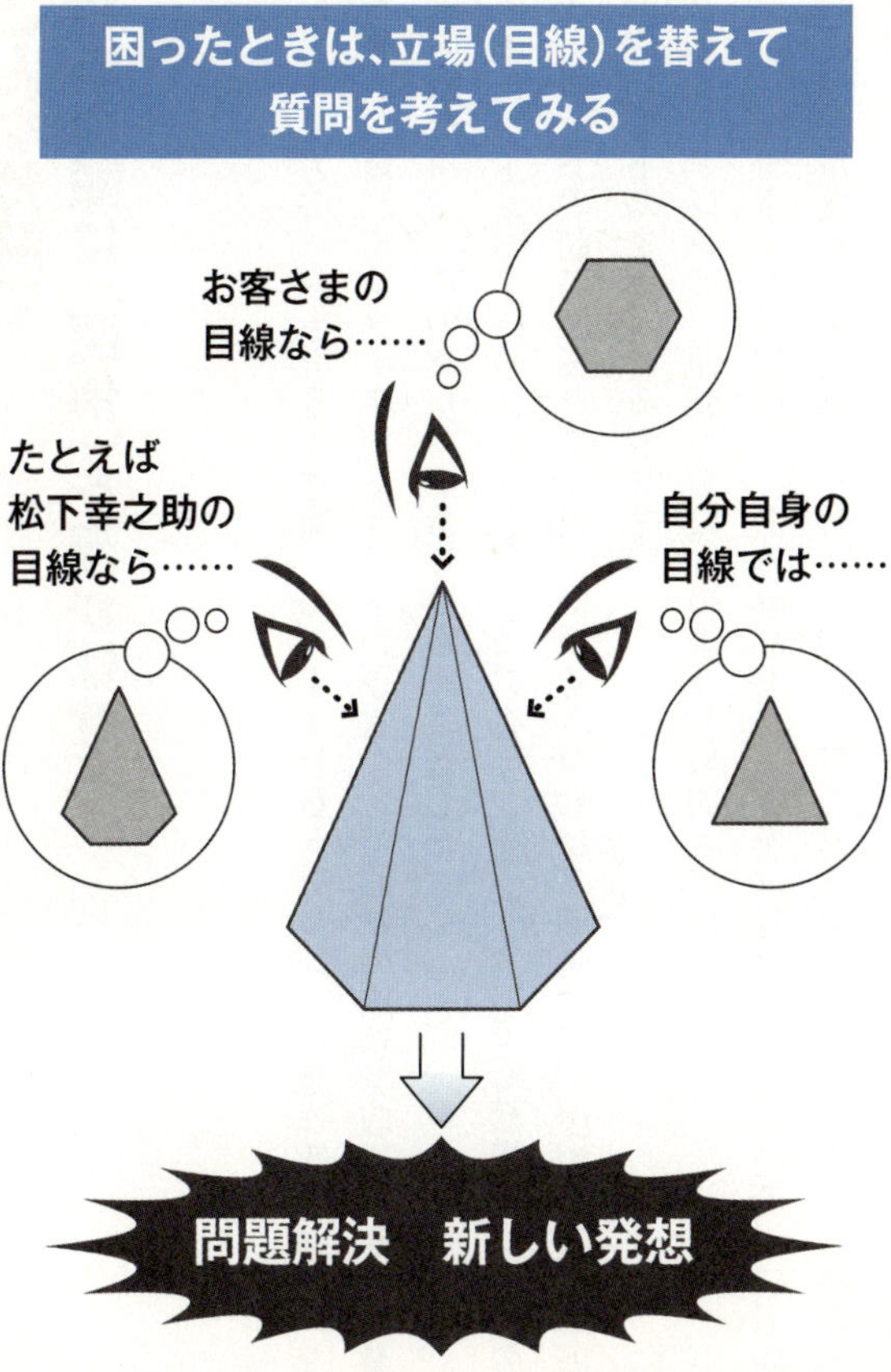
困ったときは、立場(目線)を替えて
質問を考えてみる
お客さまの
目線なら……
たとえば
松下幸之助の
目線なら……
自分自身の
目線では……
問題解決　新しい発想

コラム3

こんな質問で相手の頭に「画像」を浮かばせろ

アメリカのベストセラー作家、ロバート・G・アレン。彼は作家の顔のみならず、会員制インターネットサイトの運営などで数々の成功を収めてきた実業家の顔を持つ。そのアレンがある挑戦を宣言した。

「インターネットにアクセスできるコンピュータなら何でも結構。私をそのキーボードの前に座らせてください。そうすれば二四時間で、少なくとも二万四〇〇〇ドルを稼いでみせます」

そしてアレンは、仲間たちに次のような質問を投げかけた。

「インターネットを用いて、ある商品をマーケティングし、二四時間で二万四〇〇〇ドル稼ぐ目標を与えられたと想定してください。そして、それは単なる目標以上のものであり、自分の人生が懸かっていると考えてください。成功すれば生き延びられる。失敗したら、銃殺隊の面前に立たされることになる――あなたならば、どうしますか？」

こう質問された仲間たちは、自分が死ぬか生きるか、という境遇に立たされていると真剣にイメージし、有益なヒントを考え出して、アレンに提供した。

アレンは、①考えてほしい具体的状況を明確に限定し、②強烈にイメージさせ、③切迫感を出して真剣に考えることを強制したのだ。結果、アレンは二四時間で、目標をはるかに上回る九万四五三二ドルも稼ぎ出すことができた。

質問には「考えを強制する力」がある。しかも、質問を限定し、イメージさせ、切迫感を出すことにより、実際にその状況に置かれたかのような思考を生み出すことができるのだ。

4章

人間心理を巧みにつく「質問」のテクニック

「誘導尋問」「答えを求めない質問」……の高等戦術

1 質問に対する「条件反射」を利用する

相手をうまく誘導する法

私たちは質問されると、その答えを考えます。これは条件反射的に行なわれます。この「質問の答えを考える」ということが、極めて重要です。答えを考えるためには、質問内容の道筋に合わせなければならないからです。

たとえば、「青いゴリラ」など考えたこともなかった人でも、「青いゴリラは、日本にいますか?」と質問されるだけで、「青いゴリラ」について一度は考えることになるわけです。

あるいは「自分が社長になったとき」のことなど考えていなかった社員でも、「君がこの会社の社長だったら、今後どういう戦略を立てるか?」と質問されれば、社長になった前提で思考が働き始めるのです。

そこで、**相手に一定の方向で考えさせるのが目的で、「質問」という形式を取るこ**

質問は「人を動かす力」になる

×
「○○したほう
がいいぞ」
「本当にそう
だろうか？」
○
①「どうすれば
いいと思う？」
②「○○した
ほうがいいと
思います」
③「では、○○を
やってくれるか？」
④「はい！」

人は「自分の考え」に従って動くのが好き

とがあります。これは、自分の考えを主張して相手に納得させるのとは比較にならないほど、簡単に相手を動かす力となります。

なぜなら、**人間は「他人の考えに従って動くこと」は大嫌いですが、「自分の考えに従って動くこと」は大好き**だからです。

◆プラス思考に誘導する法

簡単な例で言うと、質問の力でマイナス思考で考えがちな人を「プラス方向で考えさせる」こともできます。

たとえば、人事異動で年齢のわりに重要なポストに抜擢《ばってき》された社員がいるとします。そのとき、重要な地位についたことで発憤し、力を発揮する人間と、逆に萎縮《いしゅく》してしまい、力を発揮できない人間がいます。後者のほうには、プラスに思考させることが必要となりますが、そんなときは、次のような質問が役に立ちます。

「会社は、あなたのどこを評価して今回の人事異動をしたか、わかりますか?」

すると、社員は自分が他人よりも秀でているところを考えます。

「会社は、今後のあなたに何を期待しているか、わかりますか?」

すると、自分がすべきことを考えます。

「あなたは、会社の期待に応えるために、どうしたらよいと思いますか?」

すると、必要になることを考えるようになります。

つまり、会社が期待する力を、さらに引き出すことができるのです。

誰かを励ましたいときは、こんな質問も有効です。

「仕事をしていて、やりがいを感じるときはどんなときだろう?」

「やりがいを感じる瞬間を増やすには、どうしたらいいだろう?」

要するに、質問に対する答えは、あらかじめ決められた方向で出てくるということです。**相手の力を引き出すには、質問のベクトルをプラス方向にする**こと。それによって相手の思考をプラス方向に向けて、力を引き出すことができるのです。

力を引き出す「プラス思考」の質問

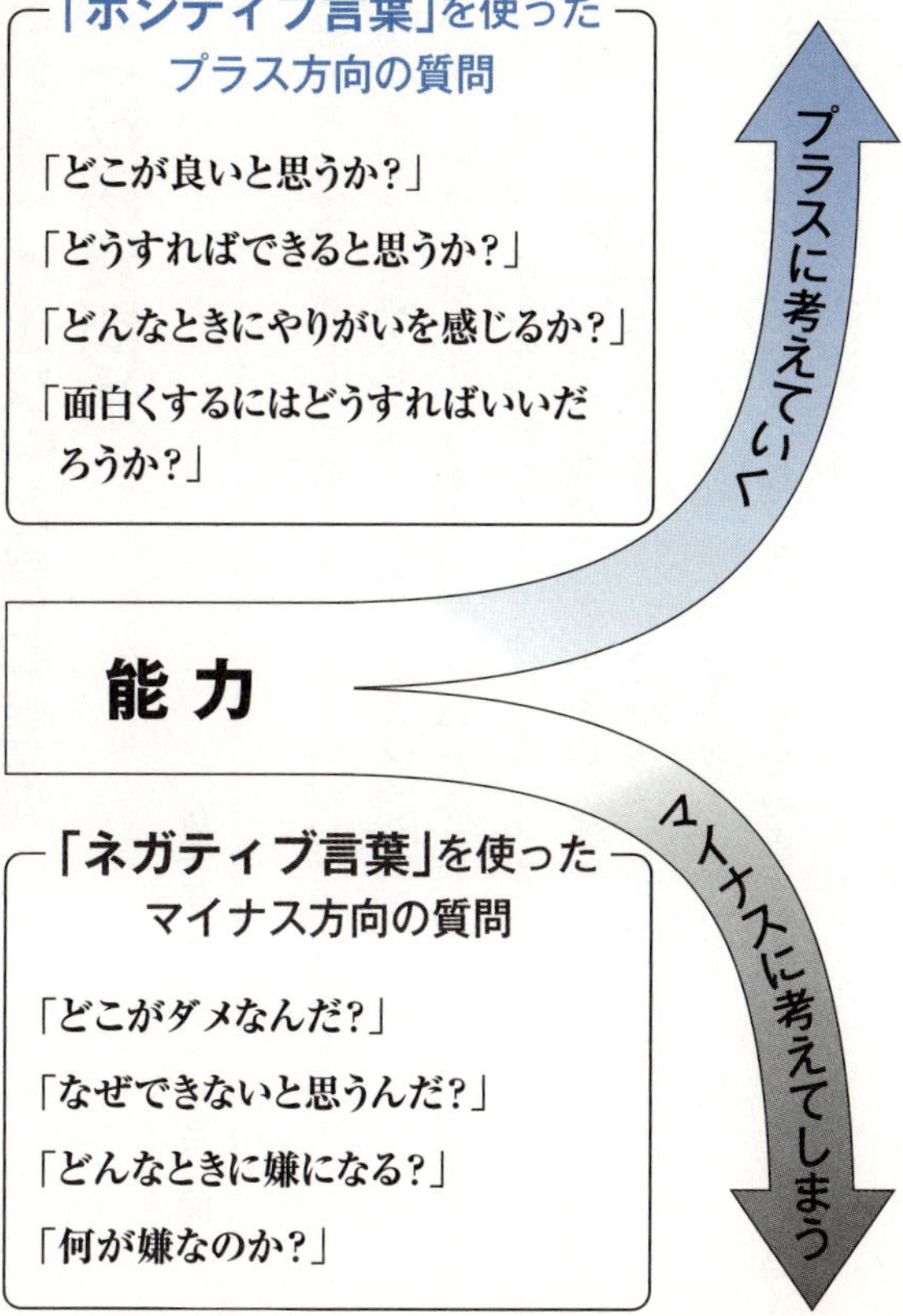
「ポジティブ言葉」を使った
プラス方向の質問
「どこが良いと思うか？」
「どうすればできると思うか？」
「どんなときにやりがいを感じるか？」
「面白くするにはどうすればいいだろうか？」
プラスに考えていく
能力
マイナスに考えてしまう
「ネガティブ言葉」を使った
マイナス方向の質問
「どこがダメなんだ？」
「なぜできないと思うんだ？」
「どんなときに嫌になる？」
「何が嫌なのか？」

2 思わず「イエス」と言わせる「二段階質問法」

重要なことは「二番目に聞く」

私たちは誰もが、論理一貫した矛盾のない人間でいたいと考えています。いったん表明した立場に矛盾した行動を取ることには抵抗があるのです。

たとえば、新しい車を買うかどうか決めかねていた際に、「カーナビを無料でつけてくれる」というので、購入を決断したとします。ところが、そのあとで、営業マンに「申し訳ございません。上司の決裁までは行ったのですが、会社のほうでカーナビのサービスがどうしても通りませんでした」と言われたらどうでしょうか。

その分の値引きを要求することはあっても、購入を取りやめることはないかもしれません。これは、いったん「購入する」という方向での意思を表明したため、「購入自体を取りやめる」方向での行動が取りづらくなっているからです。

いったん表明した立場と一貫した行動を取ろうとする傾向を「一貫性の法則」とい

「2番目の質問」でYesを引き出す

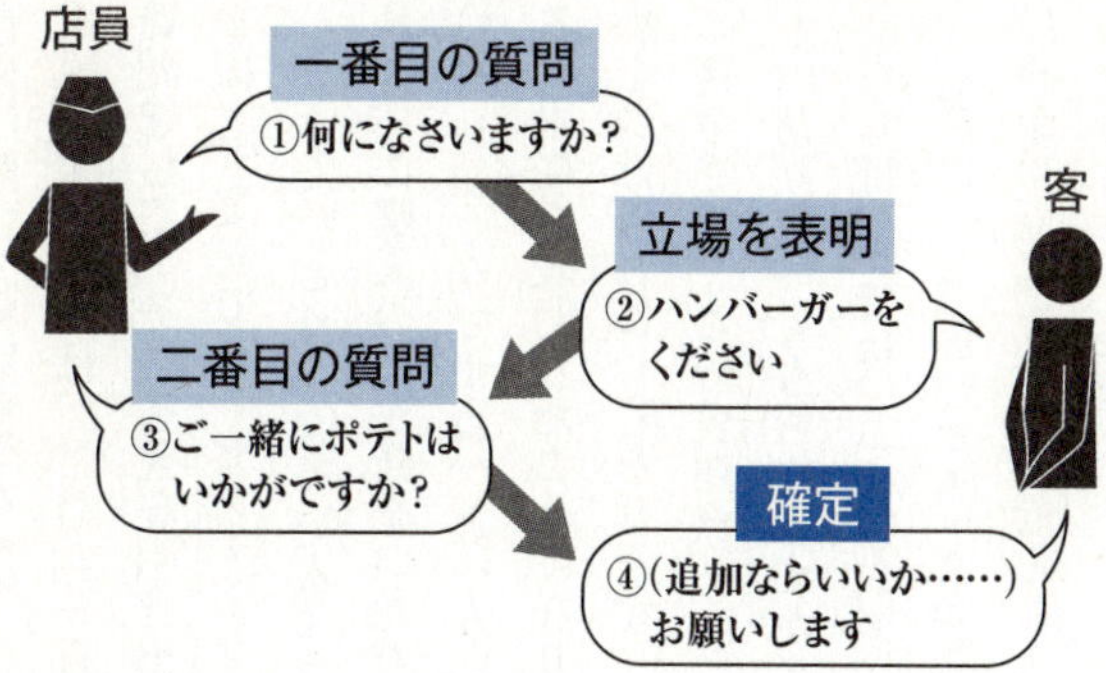
店員
客
一番目の質問
①何になさいますか？
立場を表明
②ハンバーガーをください
二番目の質問
③ご一緒にポテトはいかがですか？
確定
④（追加ならいいか……）お願いします

います。ハンバーガー店なども、この原理を利用しています。たとえばハンバーガーを注文すると、「ご一緒にポテトはいかがですか？」と聞かれます。決して注文する前には聞きません。

まずは客に、「購入する」という立場を表明させる。初めから「ハンバーガーとポテトはいかがですか？」と聞かれると、ハンバーガーとポテトをセットで購入するかどうかを考え、購入率は低下してしまうからです。ところが、ハンバーガーを購入する立場を表明したあとでは、「ハンバーガーを購入する」という立場は変わらず、あとは「追加でポテトを買うかどうか」だけが問題になるのです。

◆「一貫性の法則」で逃げ道をなくす

他人を説得する際には、この「一貫性の法則」を利用できます。**相手に立場を表明させる質問をして、その答えを引き出すことで身動きを取れなくさせてしまう**のです。

たとえば、営業先でプレゼンテーションを終えて、「いかがでしょうか」と聞いても、相手が「うーん」となっているようなときは、「これで、あとは価格で他社よりも安くすれば、ご購入のご決断をいただけるのではないでしょうか？」と質問します。

これに対し「そうですね」という回答が得られれば、「価格面さえクリアすれば、購入する」立場を表明したことになります。そのあとは価格交渉のみとなり、他の部分で難癖をつけられにくくなります。

交渉の途中でも、この質問テクニックを使えます。「仮に三万個発注するとしたら、一〇〇万円割り引いてもらえますか？」という質問に対し、「何とかいたします」という答えならば、「では、一万五〇〇〇個でも五〇万円は割り引けますね」と切り返せます。**「仮に〜」と質問することで、相手に値引きの立場を表明させてしまう**のです。

これは相手に立場を表明させることがポイントなので、言い切りではなく、必ず質問の形にすることが大切です。

「仮に……だとしたら？」という質問のすごい効果

相手に答えさせることで立場を表明させる

Q　「仮に他社より価格が安ければご決断いただけるのでは？」

答え　「そうですね」

→「価格をクリアすれば購入する」という立場を表明させる

Q　「仮に△万個買うとすれば、△万円割り引いてもらえますか？」

答え　「何とかします」

→「割引する」という立場を表明させる

「仮に……だとしたら？」で、
まず「相手の立場」を表明させ、
逃げ道を断つ！

3 相手の「言質《げんち》」を取れば先に進められる

「逃げられないところ」に追い込むテクニック

議論というと、自分の言いたいことを言ったほうが勝つように思われがちですが、現実にはそうではありません。議論に強い人は、的確なタイミングで的確な質問をします。その**質問により、相手から言質を取ってその先の議論に進んでいく**のです。

たとえば、デパートで商品をいろいろと見たあと、買うのをやめようとしてうっかり、「色がちょっとね。グレーがあればよかったんだけど」などと言ってしまうと、「グレーもご用意できますよ」と言われたとき、引っ込みがつかなくなってしまいます。

相手のこうした言葉を、質問によって引き出せばいいのです。

店員「何か気になるところがございますか？」
お客「デザインはいいんだけど、色がなぁ」

「言質《げんち》」となる答えを引き出す！

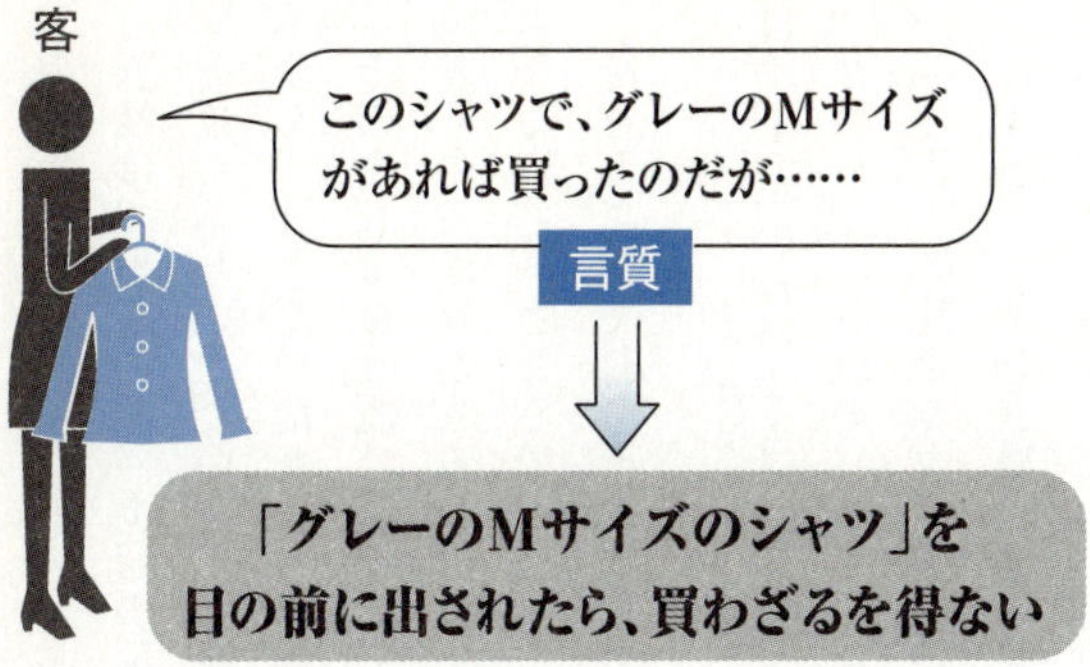
客
このシャツで、グレーのMサイズがあれば買ったのだが……
言質
「グレーのMサイズのシャツ」を目の前に出されたら、買わざるを得ない

店員「どのような色がお好みですか？」
お客「グレーでこのサイズがあれば……」
店員「グレーのMサイズがあれば即決だったのでしょうね？」
お客「そうなんだよ」

こうした答えを引き出せれば、グレーのMサイズが目の前に出てきたときには断る理由、つまり反論の幅が狭くなって、購入してもらえる確率が高まるのです。

もっとも、お客さまに対しては、あまり追い詰めると気分を害してしまうことがあるので、表現には気をつけなければなりません。相手の気持ちを一つひとつ確認するようなつもりで質問するとよいでしょう。

こんな例もあります。不採用だった営業の企画を練り直して再度提出するとき。

部下「課長は、お若い頃、上司の反対する企画を通して成功した経験があると、以前にお話しいただいたことがありましたね」

課長「うん、そうだったな。あのときは面白かったよ」

部下「その企画はなぜ成功したのでしょうか?」

課長「多くの人が反対する企画は、まったく新しい切り口だったりするからな」

部下「なるほど。ところで、私のこの企画も、多くの人が反対しているのですが、そうした目で練り直しましたので、もう一度、ご検討いただけませんか……」

課長は、「上司の反対する企画で大成功した」「多くの人が反対する企画は切り口が新しい」と言っているため、部下の企画をもう一度検討しないわけにはいきません。

これが「言質」の効果です。反論の余地を自ら制限してしまう。つまり**相手は、自分の発言に縛られ、その言葉と矛盾する行動が取れなくなってしまいます。**

議論においては、質問によって言質を取ることはとても有効な方法なのです。

相手の「反論」は質問で封じる

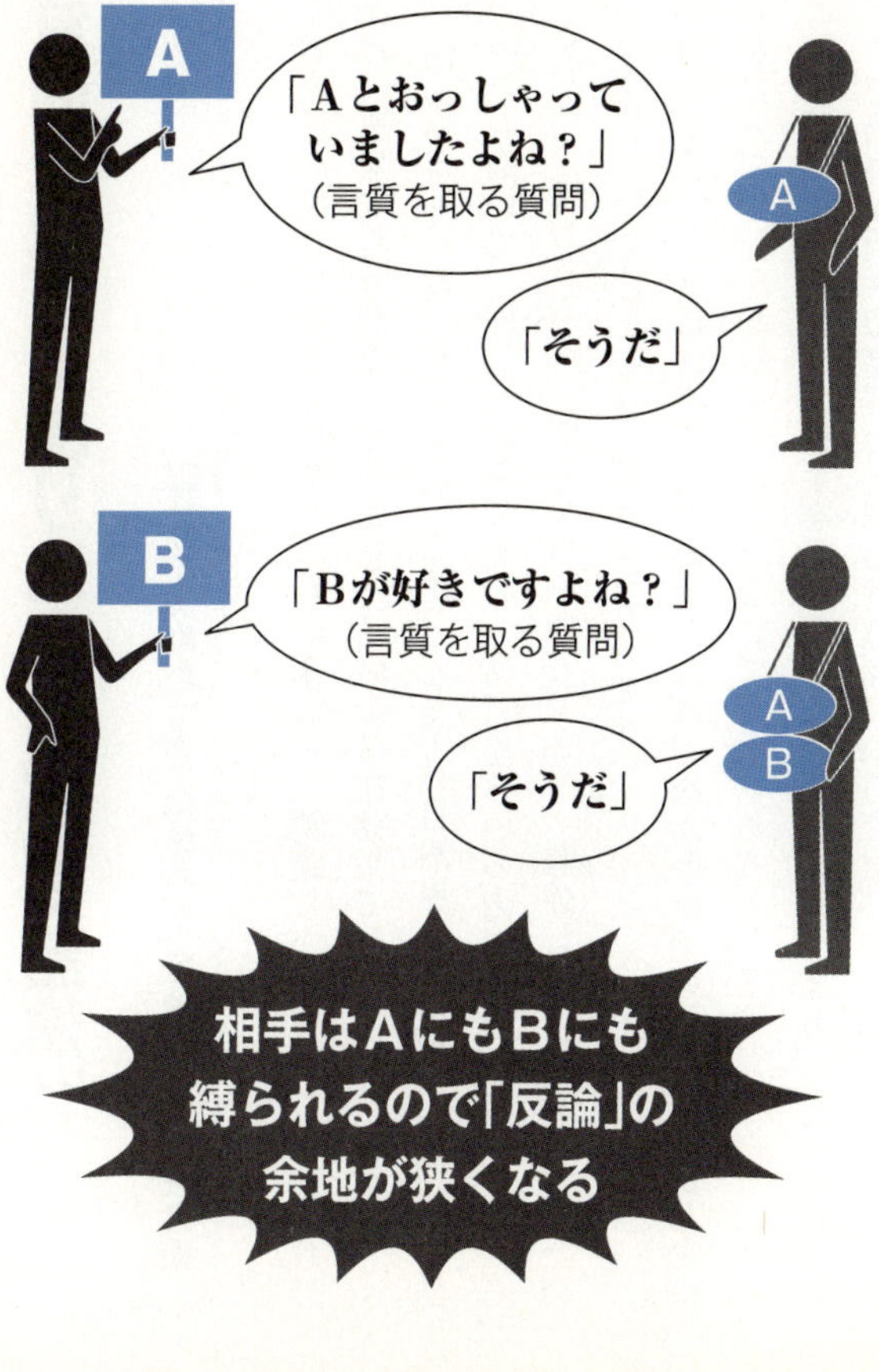
A
「Aとおっしゃっていましたよね？」
（言質を取る質問）
A
「そうだ」
B
「Bが好きですよね？」
（言質を取る質問）
A
B
「そうだ」
相手はAにもBにも
縛られるので「反論」の
余地が狭くなる

4 質問を上手に織り込んだ「説得話法」

「自分で決めた」ように思わせ、行動させる心理戦術

子どもの頃を思い出してみてください。私は親から「勉強しなさい」と言われれば言われるほど、勉強する気がなくなりました。命令は逆効果でした。

人間は、他人から押しつけられるのを嫌うのです。自然界の「作用・反作用の法則」が心の中でも働いて、押しつけられたのと同じくらいの力で反発します。だから、「勉強しなさい」と言われると、同じくらいの力で「今、勉強しようと思っていたのに」「勉強なんかしたくない」と思ってしまうのです。

しかし、同じ結論でも、自分で考えたのであれば、なんとかその結論を実現したいもの。誰もが自分の出した結論を、しがみついてでも守ろうとします。

人間のこの性質を利用すれば、相手を動かすことができる。つまり、**うまく質問することで、その結論が相手の発案だと思わせればいい**のです。

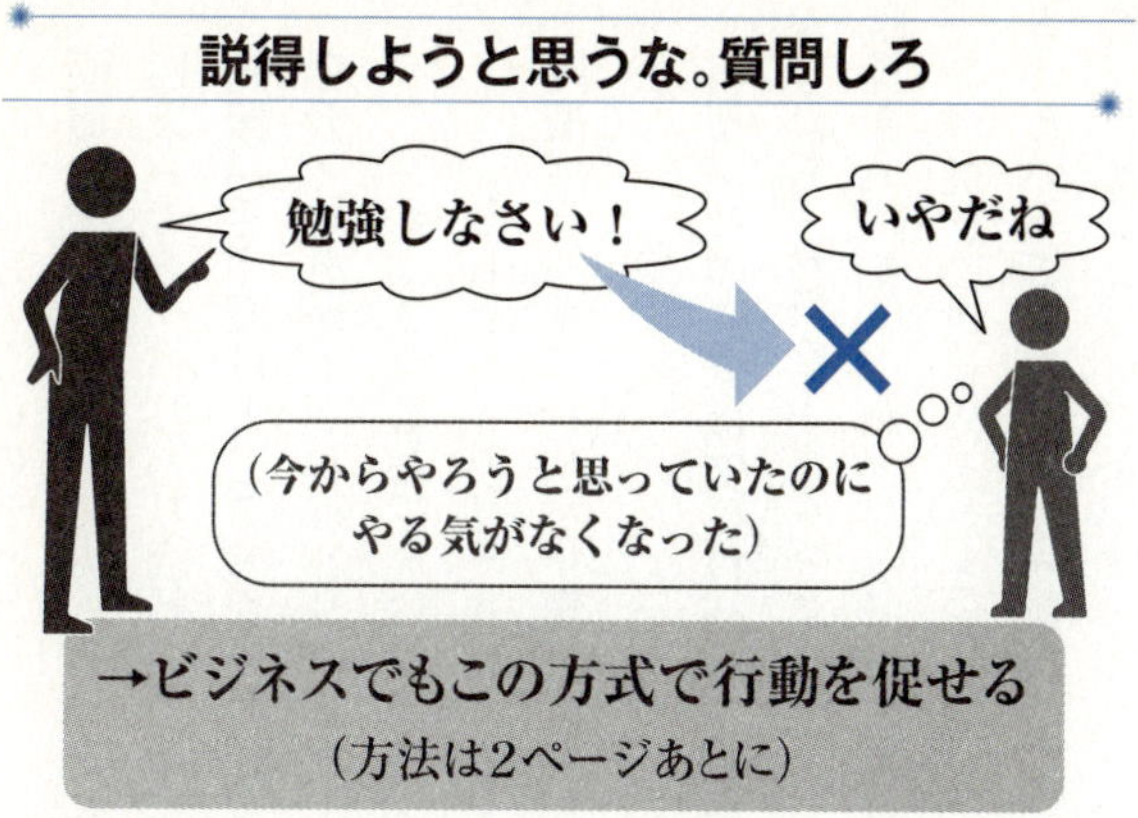
説得しようと思うな。質問しろ
勉強しなさい！
いやだね
（今からやろうと思っていたのに
やる気がなくなった）
→ビジネスでもこの方式で行動を促せる
（方法は2ページあとに）

ポイントは、「もし、自分だったら、どのようにされたら動く気になるだろうか？」と考えてみることです。その思考をたどるように流れを組み立てて質問していきます。

たとえば、給料が安いのに仕事が多すぎると文句ばかり言っている同僚がいます。この同僚を前向きに仕向けるには、どのように質問を組み立てればよいでしょうか。

自分「この会社、いったいどんな人が昇進していくのだろう？」

同僚「そりゃ、バリバリ会社のために働く人だろう」

自分「昇進すると給料も増えるよね。昇進さえすれば君の悩みは解決するんじゃないの？」

同僚「その通りさ。でも、昇進なんてありえないよ。やる気も出ないさ」

自分「でも、バリバリ会社のために働く人が昇進するんじゃないの？」

同僚「そうだけど、こんな安月給でバリバリなんか働けないよ」

自分「給料が上がればバリバリ働くけど、上げてくれなければ働かないということか。でも会社は、先に給料を上げてバリバリ働いてくれるのを待つだろうか？それとも、バリバリ働く人を評価して、その人の給料を上げるだろうか？」

同僚「そりゃ、バリバリ働いてくれる人の給料を上げるに決まってるだろう？」

当初、この同僚は実に自分勝手な観点で物事をとらえています。「もっと働かせたかったら、給料を上げるべきだ」と。しかし、給料を上げるかどうかを決めるのは会社。給料を上げてほしかったら、自分視点を捨て、会社視点に切り替える必要があります。

この視点に切り替えたとき、「会社は、給料以上の働きをする人の給料を引き上げる」というごくごく当たり前なことに気づくことになります。質問することでこれに気づかせることができれば、言動が今までとは変わることは間違いないでしょう。

質問で相手に「違う視点」を与える！

「客観視点」に変えて考えさせる

たとえば、

【自分視点】

「整理整頓が苦手だけど、
性格だからしかたない」

【客観視点の質問】

「整理整頓ができる人はどんな工夫をしていると思う？」

【自分で発案】

「一段落つくたびに片付けてから、次に取りかかっている」

**人は、「自分で出した答え」には
従おうとする**

↓

行動に結びつく

5 巧みな「誘導尋問」のやり方

大事な「前提」を省略するだけで……

裁判では禁じられている質問法があります。「誘導尋問」です。

そして、誘導尋問の中に「誤導尋問」と呼ばれるものがあります。

たとえば、証人がその日、コンビニに行ったかどうかが重要である場合には、本来、

「あなたは、その日コンビニに行きましたか?」

と聞いて、「はい」という答えがあってから、

「そのコンビニでは何をしましたか?」

と聞かなければなりません。

「誤導尋問」では、初めの質問を省いて、

「あなたはコンビニで買った雑誌をどこに捨てたのですか?」

というように、コンビニに行ったことを前提にするのです。

◆仕事で、日常生活で、この「話の展開」に注意

このような質問は、記憶と異なる前提をすべり込ませるため、記憶とは異なる証言を引き出しやすく、裁判では禁止されているのです。つまり、それほど強力なテクニックだということでもあります。

このテクニックは、日常生活で活用できます。実際、セールスの現場ではよく使われています。

たとえば、デパートにスーツを買いに行って、まだ買おうかどうか迷っているとき、「どのスーツになさいますか?」と、買うかどうかを聞く代わりに、「ちなみに、お支払い方法はどうなさいますか? カードですか? それとも現金ですか? 現金の場合には、5%オフになりますが」

というように、顧客の思考を「カードで払うか、現金で払うか」に持っていきます。

これは、まさに誘導尋問のテクニックです。

初めてのデートに誘う場合も、「一度デートしませんか?」と聞いてしまうと、「デートをするかどうか」という判断を迫ることになります。

そうではなく、「デートをする」ことを前提にして、

「新宿においしいイタリアンとフレンチが隣り合わせにできたんだけれど、どちらかに今週の土曜日に行かない？」

と聞きます。

こうすると、誘われた側は、最後の「今週の土曜日」に頭がいくので、断り方は、

「今週土曜日は予定があるので……」

というようになります。そうなると、

「じゃあ、来週は？」

というように、日程調整さえうまくできればデートができることになります。あるいは途中で、

「イタリアンとフレンチだったらどっちがいい？」

と聞いて、

「うーん、イタリアンかな」

と答えれば、イタリアンのデート決定です。あとは、日程調整に持ち込むだけです。

裁判では禁止されている誘導尋問も、日常生活ではこのように使われています。**巧みな誤導尋問を有効に活用するとともに、逆に、警戒も怠らないこと**です。

“誘導尋問”の活用術

たとえば、

【紳士服売り場で】

（お客への「どうなさいますか？」という

質問を**省略**）

<購入するという**前提**で>

「お支払い方法は
カードですか？　現金ですか？」

お客の思考は「買うかどうか」でなく
「支払い方法」に

1つ質問を省略するだけで、
一気に交渉が有利になる！

6 この「ひと言質問」で相手の怒りが鎮まる

「悪いところ」より「よいところ」に目を向けさせる

他人を説得するための鉄則は、とにかく「押しつけないこと」です。

人間は自分が考えたことに縛られがちです。自分の考えが正しく、他人が間違っていると考えたいもの。したがって、他人から意見を押しつけられることを嫌うのです。

他人に指摘されたことには従いたくないくせに、たとえ同じ内容でも自分が気づいたことは「あっ、そうか」と言ってすぐに考えを切り替えてしまいます。

誰もが持つこうした特徴を、交渉事において使わない手はありません。それが「質問」によって誘導できるのです。

たとえば、商品に対して、お客さまからクレームがあったとしましょう。かなり怒っている様子です。

「いったいどうなってるんだ。お前のところの機械は！　聞いていたように動かないじゃないか！　即刻取引解消だ。引き取ってくれ！」

怒り爆発で、いくら謝っても聞き入れていただけそうもありません。商品のすべてが気に入らない、といった調子です。

こうしたときは十分に謝意を表わした上で、満足な部分と不満な部分を分離します。今は商品全部に不満を感じているお客さまも、商品を購入した時点では、その商品に何か魅力を感じた部分があったはずなのです。そこで、次のような質問をします。

「それは大変申し訳ございません。ところで、いちばんご不満の点はどこでしょうか？」

これで、クレームのいちばん重要な点が出てきます。

それと同時に、お客さまのほうも、いちばん不満な点を出したことで、不満な部分とそうでない部分（満足している部分）を意識の中で分けることができます。

すると、「引き取ってくれ！」と言っていたお客さまの怒りもいくらか鎮まり、クレーム部分に対処すればよくなります。そこでもし、「スイッチを入れてから五分経過しないと動かない」という点が問題なのであれば、これに対処すればよいのです。

このように、**相手自身に気づかせるような質問によって、こじれていた問題がほぐれてくる**のです。

◆「共感」と「同意」はここが違う

話をするとき、いつもいつも論理的に考え、理路整然と展開できるわけではありません。話が脱線したり、あっちへ行ったり、こっちへ行ったりして、聞いているほうも、話しているほうも混乱してしまう場面も多くあります。

感情的な相手と話をしていると、お互いに混乱してしまう場面が多いものです。

ビジネスや日常生活の中で、このような場面に遭遇することがあるでしょう。

そんなとき、**相手を落ち着かせるには、「共感している」というサインを送る**ことが必要です。共感を示すことは、同意を示すことではありません。いったん相手をそのままに受け入れる、ということです。

たとえば、「それはごもっともです。私がお客さまの立場だったら、やはり同じように感じたはずです」というように、相手の話を否定することなく受け止めていきます。

ところどころで相手の話を整理して、「こういうことですね？」と確認していくと、怒りで混乱している相手の頭も徐々に整理され、冷静さが戻ってきます。そこで、初めて、相手はあなたの言うことを聞いてみようという心の余裕ができるのです。

さあ、次はあなたが話し始める番です。きっと、うまくいくはずです。

相手の怒りを上手に鎮める聞き方

①まずは謝る

「それは大変申し訳ございませんでした」

②相手の話を否定せず受け入れる

「それはごもっともです……」

＜共感を示して安心させる＞

③相手の話を整理して、質問で確認する

「〜ということでございますね」

④一番不満な点を聞く

「一番ご不満な点はどこでしょうか？」

＜不満足な部分と満足な部分を分ける＞

「不満足な部分」に対応することで解決！

7 質問で掘り下げて相手の「真のニーズ」を引き出す

「弊社のサービスの中でも、とくにどの点がご不満でしょうか？」

こちらが勧める商品やサービスに興味を持っているのに、なかなか買う決断をしてくれないお客さまがいます。そんな相手に対しては、「ご購入のご決断をいただけない重要な理由はどこでしょうか？」と質問する手もあります。

もし、「アフターサービスがねえ」という回答がなされた場合には、まず、指摘された点でなく、他の点の可能性を次のような質問でつぶします。

「他にはどこかございますか？」「では、アフターサービスの点さえクリアしたら、ご購入のご決断をいただけるでしょうか？」と言質を取ってしまいます。そして、アフターサービスの点で最大限の努力をすることにすればいいのです。

しかし、これで終わりではありません。例に挙げた場合の「アフターサービス」とは何でしょうか。購入していただいたあとに、保守や修理を行なうことでしょうか。

話を展開させるキーワードを聞き出す！

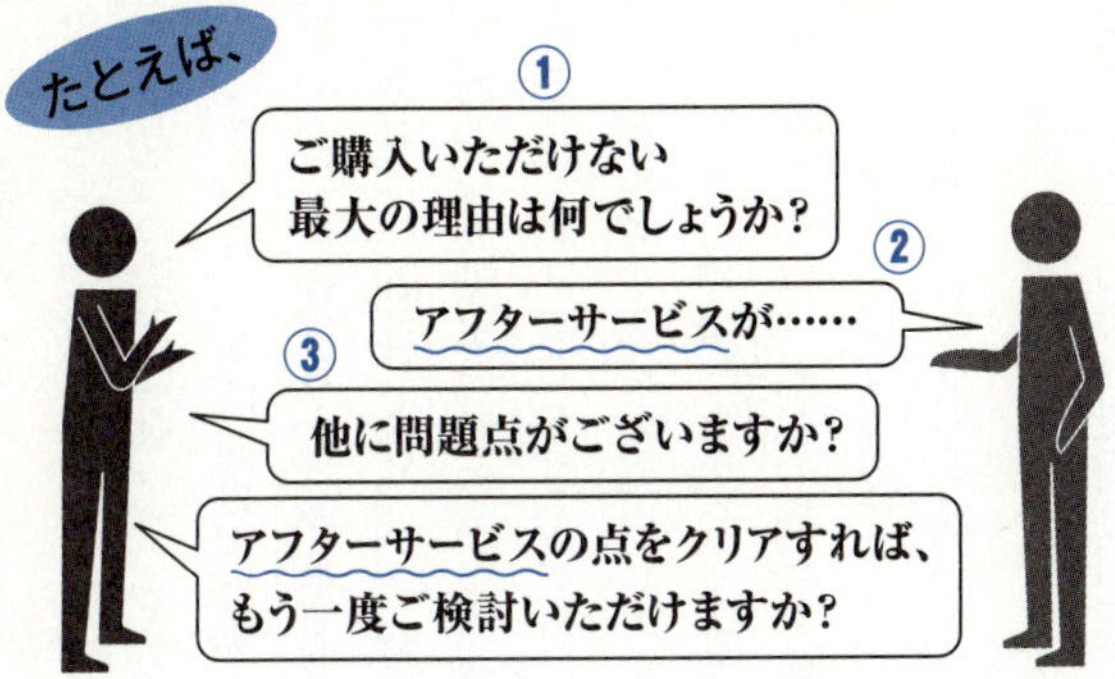
たとえば、
①
ご購入いただけない
最大の理由は何でしょうか？
②
アフターサービスが……
③
他に問題点がございますか？
アフターサービスの点をクリアすれば、
もう一度ご検討いただけますか？

自分が思い込んでいるアフターサービス、あるいは、会社で定められたアフターサービスと、顧客が求めている「アフターサービス」は同じ内容なのでしょうか。

顧客が要求を示してきたときには、その言葉を自分側の都合で勝手に解釈してはいけません。最後の詰めの段階にきて、またすれ違いが生じてしまうからです。**顧客が何かヒントを示してきたときには、その真意を探るべく、とことん質問して確認しなければならない**のです。

「お使いの機械のアフターサービスでご不満な点は、どのようなところでしょうか？」「弊社のアフターサービスでご不安な点は、どのようなところでしょうか？」

たとえば、顧客が「今のA社では、機械が故障すると、二時間以内に来てくれるんだよ。君のところでは、そんなことはできないだろう。うちでは、機械が一日止まると、二〇〇万円の損害になってしまうんでね」と言ったとします。

そうだとすると、「何時間以内に来られるか」が問題ではなく、「機械が止まっている時間をいかに短縮するか」が最重要課題だということがわかります。

そうであれば、「弊社では、〇〇時間以内に行きます！」と言うよりも、「弊社の機械は、圧倒的な故障率の低さが売りです。なぜなら……」とか、「弊社では、修理体制が整備されており、お客さまからご連絡をいただいてから営業マンがお伺いするのではなく、技術者が直接お伺いして迅速な修理に対応できるようになっております」と言ったほうが、効果的な場合もあります。

このようなことは、顧客の言葉を鵜呑《うの》みにせず、さらに質問して真のニーズを探ることによって明らかになるのです。

今、自分が話している相手は、自分とはまったく違った環境で育ち、違った教育を受けています。考え方も異なっていて当然です。**自分の思い込みにとらわれず、相手が真に求めているものを質問で引き出していく必要がある**のです。

「ニーズ」を聞き出せば問題は解決する！

例 「製品の問題点」を解決する
→「ご購入いただけない最大の理由は何ですか？」

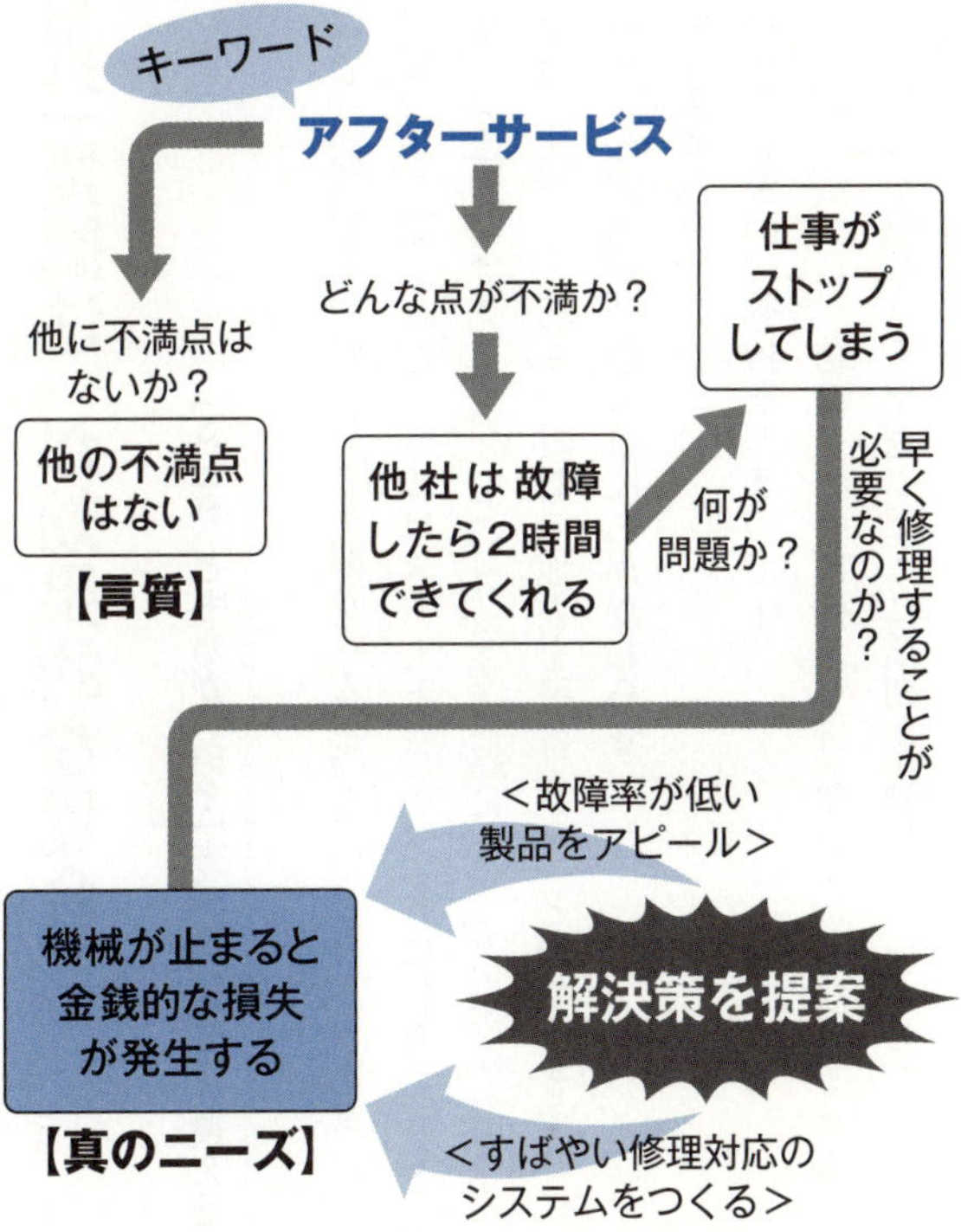
キーワード
アフターサービス
他に不満点はないか？
他の不満点はない
【言質】
どんな点が不満か？
他社は故障したら2時間できてくれる
何が問題か？
仕事がストップしてしまう
早く修理することが必要なのか？
＜故障率が低い製品をアピール＞
機械が止まると金銭的な損失が発生する
【真のニーズ】
解決策を提案
＜すばやい修理対応のシステムをつくる＞

8 「二者択一質問法」が効果的な場合

「AとB、どちらがいい？」方式はこれだけ使える

私たちは、「AとBと、どっちがいい？」と聞かれると、ついどちらかを選んでしまいます。学校で、他人から聞かれたことにはきちんと答えるように教育されてきたために、「質問には答えなければならない」という思考回路になっているからです。

こうした人間の性質を使って、巧みな質問で他人を説得することができます。

つまり、**本来、たくさんの選択肢があるにもかかわらず、「AとBとどちらにしますか？」と選択肢を絞り込んでしまい、選択を迫る**のです。

といっても、この質問方法なら、結論を相手に押しつけることにはなりません。二者択一にした上で、こちらが望むほうを選ぶように情報を提供していくのです。あくまでも結論を出すのは本人です。

「二者択一質問」で優位に立つ！

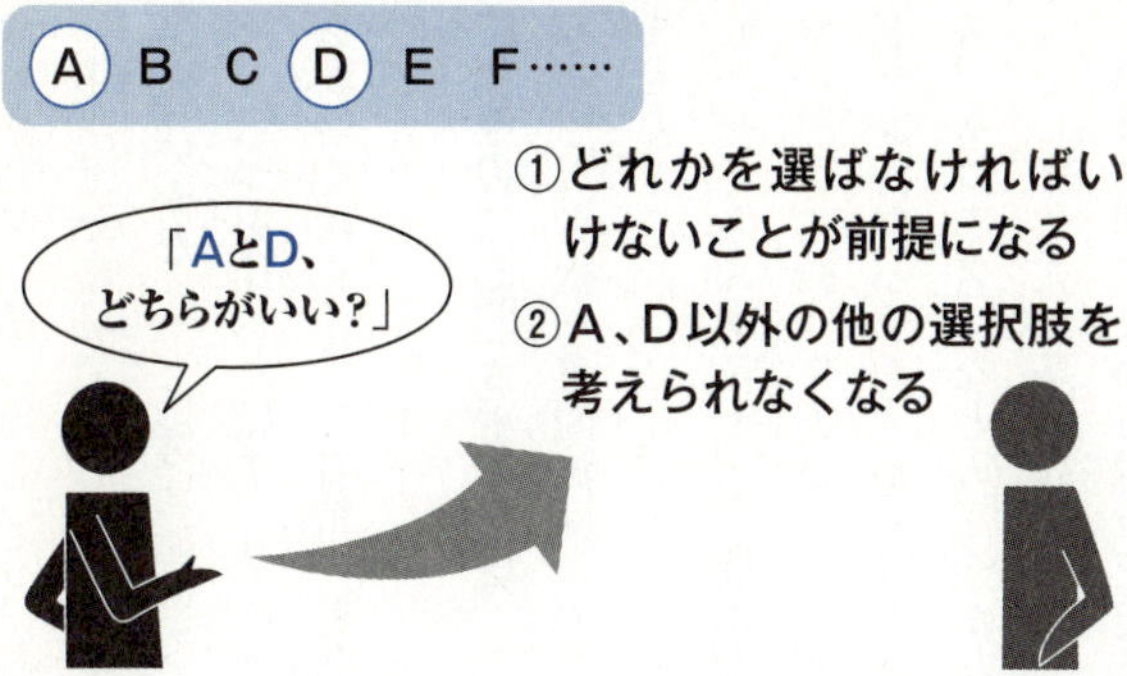
Ⓐ B C Ⓓ E F……
「AとD、
どちらがいい？」
①どれかを選ばなければいけないことが前提になる
②A、D以外の他の選択肢を考えられなくなる

優柔不断な相手に決断させるときなど、この質問法は有効です。

学生時代に、一人で賃貸アパートを探したことがありました。

そのとき、不動産業者は、私に二つの物件を案内しました。

ひとつは、古いけれど広めの間取りのアパート、もうひとつは、新しくてキレイだけれど、学校から遠いマンション。私には、どちらにも欠点があるために決めかね、もっと他の物件も見たいと思っていました。

しかし、その不動産業者は、二つの物件を見終わったあと、私にこう言ったのです。

「今、考えていることを当ててあげましょうか。今見た二つの物件のうち、どちらにするか決めかねているのでしょう。どちらがいいですか?」

私は、本当はその場でどちらかに決める必要はなかったのですが、この質問により、「どっちがいいかな?」と考え始めてしまいました。

そして、二つを比べた結果、そのうちのひとつに決めてしまったのです。このように、私もかつてはこの「二者択一質問法」にまんまとやられてしまったのです。

◆確実に相手の「決断」を促すには

もちろん、二者択一質問法はこのようなあくどい(?)手段として使われるだけではありません。

選択肢がたくさんあると、人間はなかなか選択できません。他人に決断を迫るときは、二つか三つに絞ってあげたほうが、選択しやすくなるのです。

レストランに行っても、たくさんの料理がズラリと並んでいるよりも、「福コース、寿コース、幸コース」などの三つから選ぶようにしたほうが選択しやすく、コース料理を選んでしまう人が多いのもそのためです。**選択肢を絞り込み、「どちらがいいですか?」という質問によって選択を迫ると、人は案外と動かされてしまうもの**なのです。

人に「決断を迫る」質問の鉄則

①選択肢をしぼる！

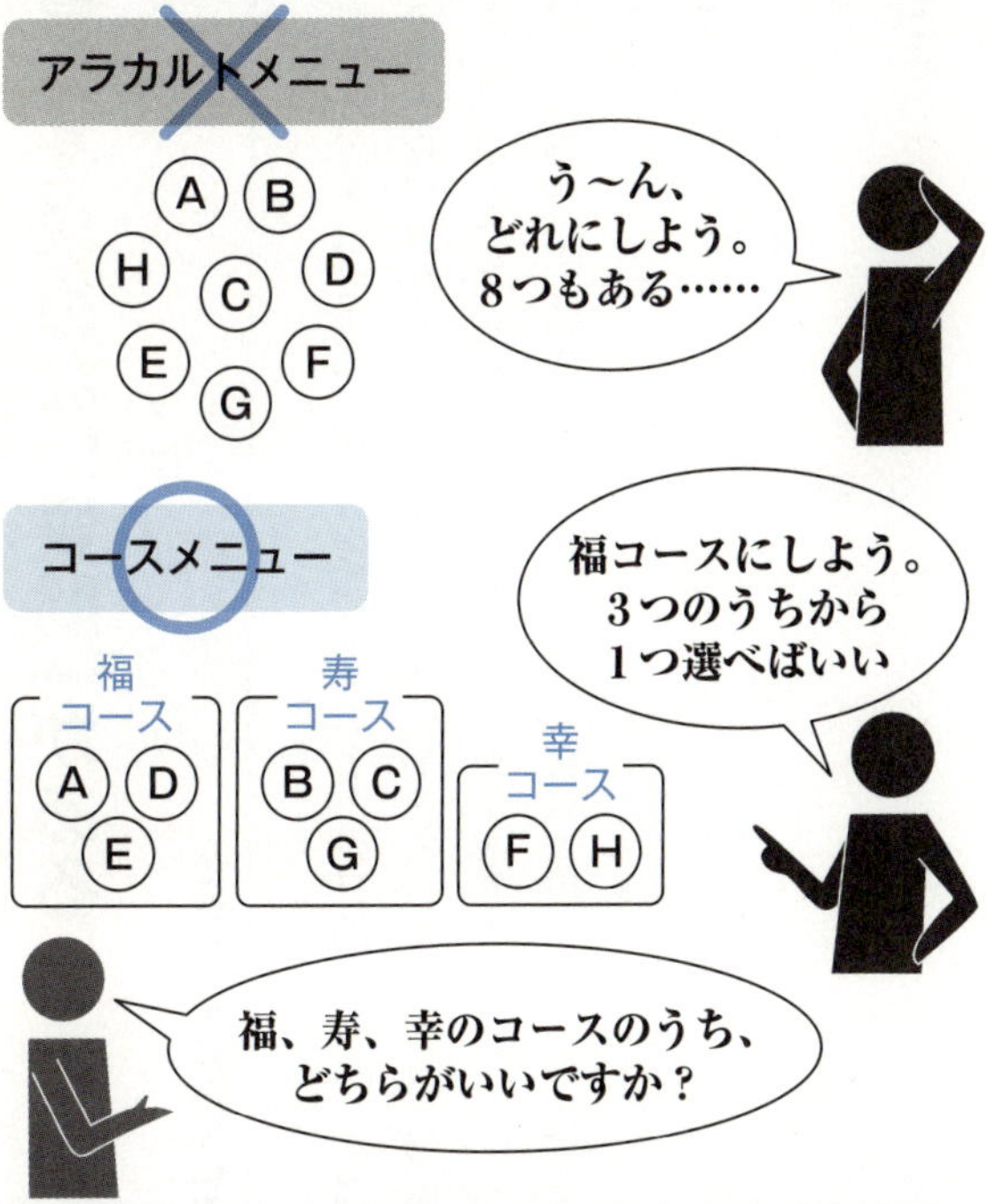
アラカルトメニュー
A
B
H
C
D
E
F
G
う～ん、
どれにしよう。
8つもある……
コースメニュー
福
コース
A
D
E
寿
コース
B
C
G
幸
コース
F
H
福コースにしよう。
3つのうちから
1つ選べばいい
福、寿、幸のコースのうち、
どちらがいいですか？

②結論を押しつけず、あくまで相手に決めさせる
（自分で決めたという印象を持たせる）

9 「答えを求めない質問」がある

これで一気に優位に立てる！

これまでの質問は、すべて「相手に答えさせること」が目的でした。質問とは本来そういうものですから、当然です。しかし、質問の形をとっていても、議論の中で使われることにより、相手に答えることを求めない質問があります。

これは、質問の例外とでもいうべきものですが、実は普段の生活の中でも私たちはよく使っています。

例を見てみましょう。

——遅刻の際。

「今、何時だと思ってるんだ？」

——失敗した際。

「自分の優位」を明確にする質問

今、何時だと
思っているんだ？
すみません……
「答え」がない質問によって
質問者の優位性が明白に

「何を考えてるんだ？」

――浮気発覚の際（！）。

「私がどんなに傷ついてるか、わかってるの？」


これらは、すべて質問の形をとっていますが、相手に答えてもらうために質問をしているわけではありません。

この問題における立場の優劣関係を明確にしようとしているのです。

◆質問に答えられなければ議論は負け

質問は、何も答えられなくなった時点で負け。常に答え続けなければなりません。

「答えを求めない質問」は、そんなルール

を適用して、自分の優位性を確立するには効果バッグンです。

遅刻した際に、

「今、何時だと思ってるんだ?」

と聞かれ、

「九時三〇分です」

と答えたりすると、

「わかっていて遅れるなんてどういうことだ?」

と、さらに追及されます。また、

「はい……」

と言葉をにごすと、

「だから、何時かと聞いているんだ」

とやはりさらに追及されます。ついには、黙るしかなくなります。そして、**黙った結果、事情はともかく、議論における敗者的立場に立たされてしまう**のです。

質問とは基本的には相手から答えを引き出し、その上で議論を進めていくことを目的としますが、なかにはこのような例外もあるのです。

「相手を黙らせる質問」が有効な場合

答えを求める質問

本来の質問で、相手の答えを引き出す

黙らせる質問

答えを求めない。相手を黙らせる

どちらを使うか？

たとえば、

【答えを求める質問】

「どうしてこうなった？」（失敗の原因を聞く）

→失敗を解決する

【黙らせる質問】

「いったい何を考えているんだ？」

「私がどんな思いをしたか、わかってるか？」

→まず、失敗したことを痛感させる

コラム４

全員が「マンネリ」から目を覚ました「哲学的な質問」

長い間低迷を続けていたＩＴ業界の巨象ＩＢＭ。**その会社再生の鍵となったのは、トップからのたったひとつの質問だった。**

「我々は本当にＩＢＭなのか？」

トップに立ったルイス・ガースナーは、こうした非常にシンプルな質問を全社員に投げかけた。ＩＢＭは、企業理念を大事にしている会社として有名だが、ガースナーはあえてその理念を持ち出し、その理念と現在の自分たちが一致しているのか、違っているのかを問いかけ、実際に世界中で調査させた。

そこで出た結論は、「我々はＩＢＭではない」というものだった。そこから、全社が動き始め、会社が変わっていった。

それまでＩＢＭでは、何人もの経営のプロがトップに就任し、さまざまな分析がなされ、いろいろな手を打ってきた。しかし、組織も人も誰も本気では動かなかった。それは、一人ひとりが、本当に自分自身の問題として考えることができなかったからである。

人は誰でも、「うまくいかなかった責任」は自分ではない誰かに押しつけてしまいがち。そうした状態では、誰も本気で動き出そうとはしない。

しかし、「我々は本当にＩＢＭなのか？」というシンプルな問いかけを受けたとき、一人ひとりが自分やまわりをふり返り、動き始めることができたのだ。

すべてを「自分のこと」としてとらえることができたとき、人は本気で考え、動き始める。質問はそのための大きな引き金となることを、ＩＢＭの例は教えてくれる。

5章

相手が思わず「口を割る」質問力

これであらゆる問題が、即解決！

1 この「三条件」をクリアした質問を

「知りたいこと」を「知りたいとき」に知る方法

私たちは、何かの情報を得たいときには、本や雑誌、新聞から得ることができます。テレビやラジオ、インターネットからも得ることができます。しかし、そうした情報は、今では誰でも容易に得られます。

いちばん身近で新鮮な情報は、直接、人から得た情報です。さまざまな情報が氾濫する現代だからこそ、人の持つ確かな情報、現場の情報を得ることが大きな力となっています。では、人から情報を得るにはどうしたらよいでしょうか。

もちろん相手が勝手に情報を教えてくれることもあります。そうであればラッキーです。しかし、相手が教えてくれる情報と、あなたが知りたい情報がまったく同じとは限りません。あなたが知りたい情報があるときは、積極的に質問していかなければ、誰も教えてはくれないのです。

たとえば、売れる新商品を開発するには、顧客が望んでいるものを知らなければなりません。就職したい会社があれば、その会社が求める人材像を知らなければ、対策を立てることができません。情報は、自分から求めていくものです。そして、そのためには積極的に質問をしていくことが大切です。

ただし、情報を得たいからといって、むやみやたらに質問しても、相手が適切な情報を与えてくれるわけではありません。あなたが**的確な情報を得ようとすれば、適切な人に対し、適切な状況で、適切に質問していくことが必要**なのです。

①その人に聞くのが適切か

たとえば、新商品の拡販企画を練っているときに、たまたま通りかかった別の部署の同僚に「これって予算どのくらいだろう？」と聞いても、意味がありません。「さあ、どうだろうねえ。だいたい〇〇円くらいかなあ」程度の、いいかげんな答えが返ってくるのがオチで、時間のムダです。

予算なら確かな予算情報を持っている人に聞かなければ、正確な情報は得られません。当たり前のことのようですが、意外と適切な人に聞いていないことが多いのです。

②その人は、私の問いかけに答えてくれるか

すべての人が、あなたの質問に答えてくれるわけではありません。あなたと相手の立場や相手の置かれた状況によって、答えてくれるかどうかが決まります。単純な例では、機嫌が悪いというだけで答えてもらえないときもあります。したがって、質問に答えてもらえるだけの状況をつくり出してから質問をしなければならないときもあります。

③どのように聞いていくのが適切か

質問は、情報を得る行為なので、自分が求める答えを得られるような質問をすべきです。

上司に行動の指示を仰ぐときに「どうしたらよいでしょうか？」では、あまりに漠然としており、的確な指示を受けられない可能性があります。「これこれの理由から、こうしようと思うのですが、よろしいでしょうか」と質問すれば、「それでよい」と答えるか、「いや、こうしたほうがよいのではないか」というように的確な指示を受けることができるのです。

「聞き出す」コツ——この3条件をまずクリア

相手に質問する前に
この「3つの自問」をしてみよう

その人に聞くのが適切か？

- ☑ 得たい情報を持っているか？
- ☑ 専門知識があるか？
- ☑ 情報を得るための人脈を持っているか？

その人は問いかけに答えてくれるか？

- ☑ 急ぎの仕事に追われていないか？
- ☑ 自分との人間関係はどうか？
- ☑ 機嫌が悪くないか？

どのように聞くのが適切か？

- ☑ 質問の目的が明確か？
- ☑ 「自分がわからないところ」がわかっているか？
- ☑ 相手が答えやすい質問を用意しているか？

2 回答者の「感情」にも気を配る

たとえば「知らないフリ」が効果的な場合も

情報を聞き出したい相手が質問に答えてくれる状況になったとき、次に考えることは、「どのように質問するのが適切か」ということです。

せっかく質問できる状況にこぎ着けても、質問の仕方を間違ってしまい、相手の感情を害したり、的はずれな質問をしてしまったら意味がありません。チャンスを活かすために、適切な質問をするように万全を期さなければなりません。

相手からいい情報を得るために重要なことは、まず「相手の感情を害さない」ことです。相手は、あなたにとって価値のある情報を与えてくれようとしています。その人の感情に配慮するのは当然のことと言えます。

そもそも人間は、理性ばかりで行動するものではありません。感情で決定し、その正当化を理性で行なうのです。したがって、一度感情を害してしまうと、もはや有益

相手の「答える気」を削《そ》がない聞き方

ダメな例
当然知っているとは思いますが……
答えたくないな

な情報を得られなくなると思ったほうがよいでしょう。だからこそ、**常に相手の立場に立って、相手がどう感じるかを考えながら質問をしていく**ことが必要です。

◆**こう聞くと相手はもっと答えやすくなる**

次に、**「相手が答えやすいように質問する」**ということも大切です。

いきなり核心をついた質問をしても答えてくれないような場合には、まず、周囲の関連する質問をしていきます。

たとえば、いきなり「ご予算はどのくらいでしょうか？」と聞くよりも、「最近、御社は株価も上がっていて、ますますご発展ですね。今年は積極的に設備投資などなさるのでしょうか?」などといった感じです。

答えるのが恥ずかしいような質問であれば、まず自分の恥ずかしいことを話してから相手に質問したり、「先日、こんなことがありまして……。そんな体験ありませんか?」と誘導したり、耳にした第三者の話として質問していったりします。

また、質問された際、相手が知っていることを答えるのは、あまり気持ちのよいものではありません。相手が知らないことを答えることで優越感に浸《ひた》れるからです。せっかく答えたのに、「ああ、そんなことは知っています」と言われたら、誰もいい気分はしません。こういうときは、たとえ知っていたとしても、知らないフリをして次に進むくらいでいいのです。

情報を得るために質問をするときは、「この分野はまったく知識を持っていないので、教えを乞うしかないのですが……」というように、知識が少ないことを匂わせながら質問すると、相手も答えやすくなります。人に物事を教えることは、誰にとっても元来気持ちのいいことなので、相手はどんどん答えてくれるでしょう。

有益な情報を与えてくれるのは、相手です。相手が答えやすいように配慮しながら質問を進めていくのは、テクニックでもあり、当然の礼儀でもあるのです。

答えやすい雰囲気をつくる7カ条

気分を害さない質問

①相手の気持ちを考えながら質問

答えやすい質問

②周辺の関連した質問から入る

✕「年齢はおいくつですか？」とズバリ聞くよりも、
○「私は子年生まれですが、○○さんは何年ですか？」

③失敗談や苦手なことを先に話す

④誘導する

○「こんなことがあったのですが、
○○さんはそんな経験ありませんか？」

⑤「第三者の話」として質問

○「私の友人がトラブルに巻き込まれまして。
こんなとき、どうすればいいと思われますか？」

答えるのが気持ちのいい質問

⑥相手の答えに「素直に」驚く

○「(たとえ知っていても)えっ、そうなんですか！」

⑦相手に「優越感」を与える

○「ぜひ○○さんに教えていただきたいのですが……」

3 「耳に痛い話」が聞ける質問術

「客観的な意見」が欲しいときは？

「彼《か》れを知りて己れを知れば、百戦して殆《あや》うからず」と言ったのは孫子ですが、己を知るためにも質問は有効です。自分のことは自分がいちばんよくわかっていると思いがちですが、実際には、自分のことを他人から気づかされることはよくあることです。

たとえば、自分（自社）の強み、弱みや、どのような点を改善すべきか、などをいちばんよく知っているのは顧客です。

今、自分が何をすればいいのか。現場にいると、目先の仕事に追われ、広い視野を失いがちです。その答えを知るには、顧客に質問をするのがいちばん手っ取り早いといえるでしょう。たとえば、次のように質問します。

「取引相手に当社を選んでいただいたポイントはどこでしょうか？」

この質問により、自社の優位性に関する情報を得ることができるでしょう。ビジネ

「最高のアドバイス」を引き出す法

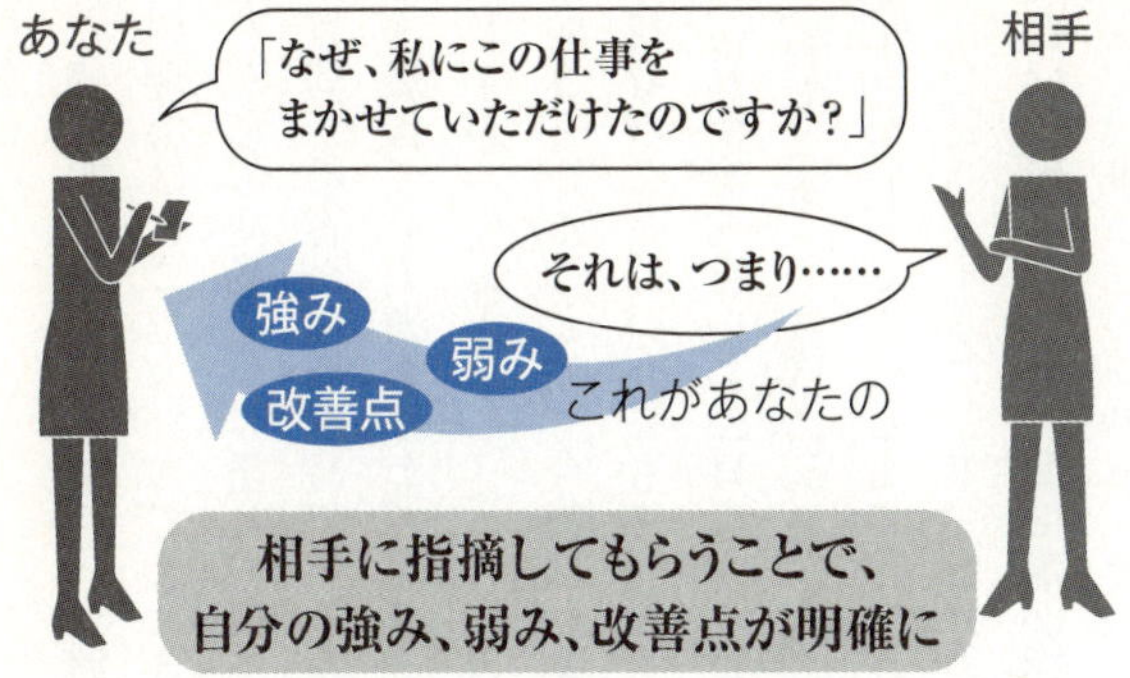
あなた
相手
「なぜ、私にこの仕事を
まかせていただけたのですか？」
それは、つまり……
強み
弱み
改善点
これがあなたの
相手に指摘してもらうことで、
自分の強み、弱み、改善点が明確に

スには競争相手がいます。顧客はどの取引相手を選ぶのも自由です。しかし、顧客は競争相手ではなく、あなたを選んだのです。

それは、あなたが競争相手よりも、顧客が求めるものを多く持っていたからです。まずは、その情報を得ましょう。

その情報を得て、あなた（あなたの会社）の強みにさらに磨きをかければ、もっとビジネスを拡大できるはずです。顧客が最もよく知っているあなたの魅力が、質問によって明確になってくるのです。

◆自分の「弱点」を補強する

逆に、もしあなたの会社が取引を打ち切られた場合にも、必ずその理由を聞かなければなりません。

「これだけは聞かせてください。今回、当社から○○社へと取引相手を変更されたいちばんの理由はどこだったのでしょうか？」

「あなたが私の立場なら、当社の何を変えようと思いますか？」

この質問で顧客が何を求めているか、あなたに何が足りないかが明らかになります。

通常、離れていく顧客はわざわざその理由を告げません。クレームをつけてくれるのは、わずか一％程度でしょう。耳に痛いことですが、あえて踏み込み、自分（自社）の弱みを知ることで、今後取り組むべき課題が明らかになるでしょう。

自分自身のことについてもまったく同じです。

「今回、私が契約をいただけなかった最大の原因はどこにあったのでしょうか？」

「今後、お客さまにご満足いただくには、どの点に注意すればよいと思われますか？」

「私に足りないところはどこでしょうか？」

こうした質問をすることで、自分のなすべきことが見えてきます。

質問という形で聞けば、耳に痛い指摘も素直に聞けるでしょう。これによって弱点を補強し、競争に強くなれる。そのために質問力が有効なのです。

この質問をすれば、「弱みも強みに！」

自分（自社）の弱みを聞き出し……

↓

たとえば、

「取引変更の一番の理由は何でしょうか？」

「私の立場であれば、会社のどこを変えようとなさいますか？」

「契約をいただけなかった最大のポイントはどこにあったのでしょうか？」

「ご満足いただくにはどのような点に注意すればよいでしょうか？」

↓

「課題」を明確化

↓

「補強」して、「解決」へ！

4 「取り調べ」になってはいけない

質問した「あと」が大事

相手から情報を得るには、質問をするのがいちばんの早道とはいっても、**こちらの知りたいことばかりをあからさまに質問し続ければよいというわけではありません。**

それでは「取り調べ」になってしまいます。

一方的に質問をされ続け、それに答え続けることが不快であることは、誰もが経験していることでしょう。

たとえば、初めて会った人に、

「お生まれは？」「お住まいは？」

「お仕事は？」「なぜ、このお仕事に？」

といった具合に矢継ぎ早に聞かれたら、誰でも嫌になります。これでは、まるで容疑者への取り調べです。

「ギブ・アンド・テイク」の質問で情報量は倍増！

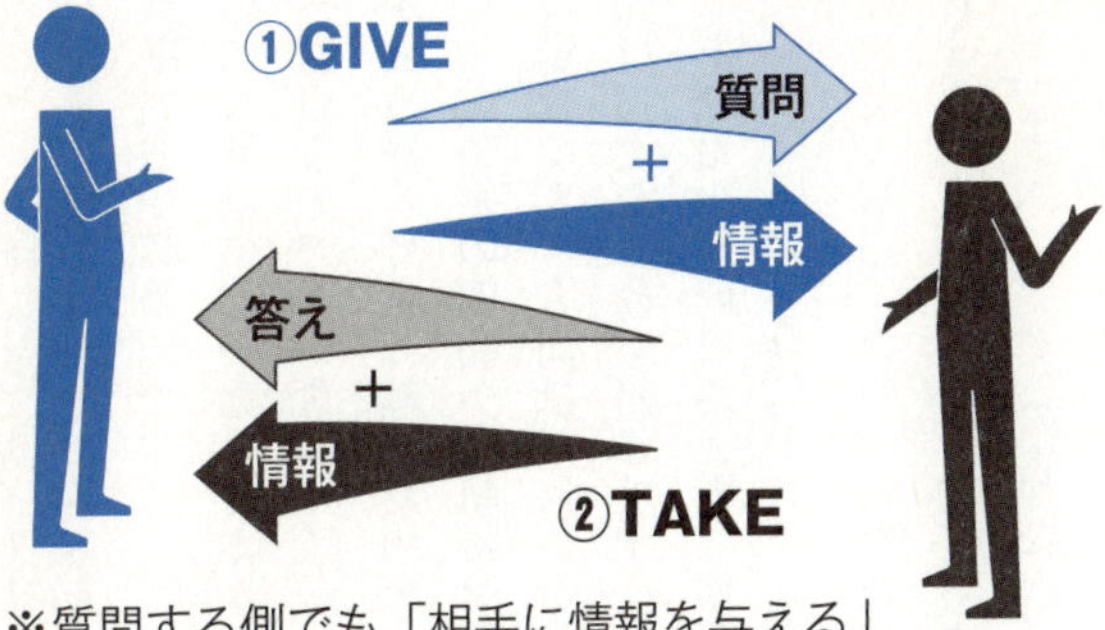

※質問する側でも「相手に情報を与える」

相手の情報を得ようとするなら、自分の情報も開示していく。それが、会話を進めていく上でのルールです。そうして話題を広げながら、徐々に質問を進めていかなければなりません。

◆「ギブ・アンド・テイク」の質問法

ただし、こうしたルールもすべての相手に当てはまるわけではありません。

相手が目上の人の場合は、自分の話をすることが不適切な場合もあります。

一般に目上の人、年配の人、特定の分野での成功者などは、自分の話をするのが大好きです。自分の成功体験や考え方を、若い人たちに話すことを楽しみにしています。

したがって、そのような場合には、こちらが話すのは相手から聞かれたことに答える程度に抑え、または自分の悩みを相談するにとどめ、**むしろ質問攻めにするようでも大丈夫な場合がある**のです。

「小さい頃の夢は何だったのですか?」

「事業を進める上で、いちばん辛かったのは、いつですか?」

「それをどうやって乗り越えたのですか?」

……など、**相手の成功への軌跡をたどる質問**には、喜んで答えてくれるでしょう。

どんな場合でも、人間は、何かを与えたときは、その対価を無意識に要求しています。質問に答えたときも同じです。

相手はあなたの質問に答えて、情報を与えることにより、無意識のうちに対価を求めます。

質問に答えてもらったら、あなたは相手に対して「尊敬と感謝の気持ち」という対価を捧げましょう。それによって、ギブ・アンド・テイクの取引が成立するのです。

そして、「また、あなたの質問に答えてもいいな」と相手は思うでしょう。

そうした関係を築いていけるのも、上手な質問の力なのです。

こんな「質問攻め」なら歓迎される

相手が目上、上司、先輩の場合に実践できる——質問攻めによる「give&take」

質問攻めにして、相手が「話すこと」で満足させる

take

「小さい頃の夢は?」

「一番辛かったことは?」「最大の転機は?」

「どうやって乗り越えたのですか?」

情報の"give"はなくても、相手への敬意と感謝で"give"できる

give

「すごいですね。すばらしいです」

「よいお話を聞かせていただきありがとうございました」

「とても感銘を受けました」

コラム5

弁護士も裁判官もいちばんの仕事は「話を聞き、質問してさらに聞き出すこと」

私は幼少の頃から口下手で、人と話すことが苦手だった。幼稚園の頃はいじめられっ子。中学、高校では、男は黙っているほうが格好いい、などという変な理屈をつけて、皆の会話の輪から逃げていた。

実は、私が積極的に話せるようになったのは、仕事をし始めてから――つまり弁護士になってからだ。

弁護士は大半の時間を依頼者の話を聞くことに費やす。聞きながら事実を引き出し、依頼者の真の望みは何かを問いかける。それは、依頼者自身も気づいていないこともある。

検察官も同様。被疑者に質問をすることで、被疑者が体験した事実を引き出す。質問により、被疑者の供述の矛盾を暴き、追及し、自白に導く。

裁判官も、事案に応じた適切な質問をすることで、適切で妥当な解決策を探していく。

法律家のこのような実務を間近に見て、私はこう思うようになった。

「質問こそ法律家の仕事の基本ではないか」と。

すると、質問というものに自ずと注意が向いていく。

他人の話を聞くために積極的に会話をし、質問するようになった。

すると、不思議な変化が起こり始めたのである。他人から情報を得たり、人をやる気にさせたり、人を説得することができるようになったのだ。

つまり、**「質問こそがコミュニケーションの基本」**なのである。

おわりに

この「質問力」を大いに発揮してあなたの目的を達成してください！

質問は、常に目的をもって行なわなければなりません。

「相手に気づきを与えたい」という目的があるときには、相手に対して質問を発します。

質問をぶつけると相手もそれに答えようとし、新たな思考が働き始めます。

逆に自分が進むべき方向を知りたいという目的があるときには、自分に対してするどい質問を発します。

その意味で、目的のない質問は、無意味であるばかりでなく、有害となる場合さえあるのです。

本書で身につけた「質問力」を存分に発揮して、目的を達成するための「よい質問」をどんどん繰り出してください。

そして、目的を達成してください。

最後に、本書を読んだあと、ぜひ、次のような自分に対する質問を開始してください。

「この本で学んだことは、
明日のYさんとの会話にどう活かせるだろうか？」

本書は、小社より刊行した単行本を文庫化したものです。

谷原　誠（たにはら・まこと）

一九六八年、愛知県生まれ。弁護士。明治大学法学部卒業。一九九一年司法試験に合格。交通事故、企業法務、事業再生、不動産問題などの様々な案件・事件を、質問力や交渉力、議論力を駆使しながら解決に導いている。現在、「みらい総合法律事務所」共同経営者。『報道ステーション』（テレビ朝日系）での解説などでも活躍。超人気メールマガジン「弁護士がこっそり教える絶対に負けない議論の奥義」の読者は一万八〇〇〇人を超えている。

著書に『弁護士・谷原誠式「戦略的交渉術」の極意』『ポケット版　弁護士の論理的な会話術』『思いどおりに他人を動かす交渉・説得の技術』など多数。

知的生きかた文庫

図解《ずかい》　するどい「質問力《しつもんりょく》」！

著　者　谷原《たにはら》　誠《まこと》

発行者　押鐘太陽

発行所　株式会社三笠書房

〒一〇二－〇〇七二　東京都千代田区飯田橋三－三－一

電話〇三－五二二六－五七三四〈営業部〉

〇三－五二二六－五七三一〈編集部〉

http://www.mikasashobo.co.jp

印刷　誠宏印刷

製本　若林製本工場

ISBN978-4-8379-8102-2 C0130

C50151